本人訴訟ハンドブック
～知識ゼロからの裁判所活用術～
【増補改訂版】

矢野輝雄 著

緑風出版

民事訴訟の手続の主な流れ

訴えの提起
① 原告は裁判所に訴状（裁判所用と被告用）を提出します。
② 原告は手数料として指定された収入印紙を提出します。
③ 原告は指定された郵便切手を提出します。

↓

訴状の審査
① 裁判官が訴状が適法か否かを審査します。
② 補正が必要な場合は補正命令をし、従わない場合は訴状を却下します。

↓

訴状の送達
① 裁判所は適法と認めた訴状を被告に特別送達（書留郵便）で送ります。
② 被告には訴状のほか第1回口頭弁論期日の呼出状と答弁書の提出期限通知書が同封されます。原告には呼出状が送付されます。

↓

答弁書の提出
① 被告は訴状の内容に対する応答を書いた答弁書を指定の期限までに裁判所に提出し原告に直送します。
② 原告に直送できない場合は裁判所の書記官に送付を依頼します。

↓

第1回口頭弁論期日
① 原告は訴状を陳述し、被告は答弁書を陳述します。
② 次回の口頭弁論期日が指定されます。

↓

口頭弁論の続行
① 判決ができるようになるまで口頭弁論は続行されます。
② 各口頭弁論期日の前に各当事者は準備書面を提出します。
③ 場合によっては弁論準備手続その他の手続に移行します。

↓

↓

| 証拠調べ | ① 口頭弁論により争点が明確になると証拠調べ手続に入ります。
② 証拠調べには各当事者からの証拠の申出が必要です。 |

↓

| 弁論の終結 | ① 判決ができるようになった場合は口頭弁論を終結します。
② 裁判長は判決の言渡し期日を指定します。
③ 裁判長は弁論の終結前に和解を進める場合があります。 |

↓

| 判決言渡し | ① 判決は言渡しによって成立し判決の効力が生じます。
② 判決言渡し期日には当事者は法廷に出頭する必要はありません。判決書が郵送されます。 |

↓

| 上訴 | ① 第一審判決に不服のある当事者は控訴を提起することができます。
② 第二審判決に不服のある当事者は上告や上告受理申立をすることができますが、いずれも厳格な要件を満たした場合に限られます。 |

＊通常の民事訴訟の手続の主な流れは上記のようになりますが、民事事件でも家庭裁判所の家事事件は手続が異なります。

証人尋問手続の実際

人定質問
① 裁判長が証人の氏名その他を質問して人違いでないことを確認します。
② 証人は開廷前に所定の人定事項書に記入します。

↓

宣誓
① 証人は「良心に従って真実を述べ、何事も隠さず、また、何事も付け加えないことを誓います。」と記載された宣誓書用紙を朗読し署名と押印をします。
② 実務では、開廷前に署名と押印をした宣誓書用紙を朗読します。

↓

主尋問
① 先ず、証人尋問の申出をした当事者から尋問をします。
② 質問内容は立証すべき事項とこれに関連する事項に限られます。

↓

反対尋問
① 次に、相手方当事者が尋問をします。
② 質問内容は主尋問に現れた事項とこれに関連する事項並びに証言の信用性に関する事項に限られます。

↓

再主尋問
① 次に、証人尋問の申出をした当事者が再度の尋問をします。
② 質問内容は反対尋問に現れた事項とこれに関連する事項に限られます。

↓

補充尋問
① 裁判長は各当事者の尋問の後に補充尋問をします。
② 裁判長は必要があると認める場合は、いつでも自ら証人を尋問し（介入尋問）又は当事者の尋問を許すことができます。

はじめに

本人訴訟ハンドブック【増補改訂版】
～知識ゼロからの裁判所活用術～

　民事訴訟の手続はむずかしいと考えている人がいますが、実際の民事訴訟の手続は、とても簡単なものなのです。民事訴訟の仕組みは、①まず、事実があって、②その事実に裁判官が法律を適用して、③判決を下すというだけのものです。あなたが民事訴訟を提起した場合は、あなたは、自分に有利な事実を主張し、自分の主張した事実を証拠によって証明するだけのことです。法律は裁判官が知っているからです。古来、裁判の仕組みは、当事者は事実を語り、裁判官が法律を適用するものなのです。

　本人が時間の都合その他の事情で民事訴訟の手続ができない場合には、代理人として弁護士に依頼することになりますが、医師の場合と異なり弁護士には依頼を承諾する義務がありませんから、依頼を断られる場合も多いのです。弁護士の仕事は、音楽家や画家のような特別の才能を必要とするものではありませんから、誰でも、大体のルールが分かれば本人訴訟ができるのです。細かいルールは、そのつど裁判所の書記官に聞けば教えてくれます。

　民事訴訟の手続は簡単なものですが、事件の内容によっては医療過誤訴訟、欠陥住宅訴訟、特許訴訟のような専門的知識が必要になる場合があります。このような場合は、弁護士に依頼しても、専門的な医学、建築学、電気・機械・薬学等の専門的知識を持っている弁護士はあまりいませんから、結局は、各分野の専門家の協力を得て訴訟を行うことになります。

民事訴訟は、国家機関である裁判所を活用して自分の権利を実現する方法ですが、誰でも、自分の権利を実現するには裁判所という国家権力を活用するしか方法はないのです。裁判所を活用しない自力救済(例えば、脅して貸金を取り立てる場合)は禁止されているからです。

　本書の副題は「知識ゼロからの裁判所活用術」としている通り、法律知識のない人でも本書の説明に従って自信をもって民事訴訟を進めることができるようにわかりやすく説明しています。本書では民事訴訟の手続に必要な理論と各手続の書式をくわしく説明しています。本書は、弁護士を依頼する場合にも役立ちます。

　本書のような法律解説書を読む場合には、分かりにくい個所があったときは、法律の条文自体を読むとよく理解することができます。そのための小型の六法全書を備えておくことが大切です。本書の説明の中の条数のみの表記は「民事訴訟法」を示し、規則とは「民事訴訟規則」を示しています。その他は法令名を明記しました。
　平成30年6月

著者

目　次●
本人訴訟ハンドブック
～知識ゼロからの裁判所活用術～
【増補改訂版】

本人訴訟ハンドブック【増補改訂版】～知識ゼロからの裁判所活用術～／目次

はじめに 5

第1章
初めての民事訴訟
13

- Q 1　民事訴訟の手続は、どんな場合に利用できますか 15
- Q 2　法律を知らなくても本人訴訟はできますか 19
- Q 3　本人訴訟のリスクは、どんなことですか 21
- Q 4　法テラスは、どんな場合に利用できますか 24
- Q 5　原告になる場合の留意点は、どんなことですか 27
- Q 6　被告になっても、本人訴訟はできますか 30

第2章
民事訴訟の仕組みと基本ルール
33

- Q 7　民事訴訟の仕組みは、どのようになっているのですか 35
- Q 8　民事訴訟の基本のルールは、どのようになっているのですか 40
- Q 9　民事訴訟の手続の流れは、どのようになっているのですか .. 46
- Q10　訴訟費用は、どのくらいかかるのですか 52

第3章
訴えの提起
57

- Q11　訴状は、どのように作成するのですか 59
- Q12　訴状を提出した後は、どのように処理されるのですか 75

- **Q13** 第1回口頭弁論期日の呼び出しは、どのように行われるのですか 78
- **Q14** 訴えの変更、訴えの取り下げ、訴えの却下とは、どういうことですか 81
- **Q15** 反訴、和解とは、どういうことですか 85

第4章
答弁書とは
89

- **Q16** 答弁書とは、どんなものですか 91
- **Q17** 答弁書は、どのように作成するのですか 94
- **Q18** 被告の答弁書に対して原告はどのように対応するのですか 102

第5章
口頭弁論期日でやるべきこと
107

- **Q19** 第1回の口頭弁論期日では、何をするのですか 109
- **Q20** 口頭弁論期日の前に提出する準備書面とは、どんなものですか 115
- **Q21** 準備書面は、どのように作成するのですか 118
- **Q22** 口頭弁論期日の進め方は、どのようになっているのですか 124
- **Q23** 争点や証拠の整理手続には、どんなものがありますか 134

第6章

証拠調べの手続
139

- **Q24** 証拠調べとは、どういうことですか ……………………141
- **Q25** 証明をする対象は、何ですか ……………………………148
- **Q26** 証拠調べの申出は、どのようにするのですか ……………152
- **Q27** 書証の証拠の申出と取り調べ手続は、どのようにするのですか ……………………………………………………156
- **Q28** 証人尋問の申出と取り調べ手続は、どのようにするのですか ……………………………………………………167
- **Q29** 当事者本人尋問の申出と取り調べ手続は、どのようにするのですか ……………………………………………183
- **Q30** 鑑定の申出と取り調べ手続は、どのようにするのですか…188
- **Q31** 検証の申出と取り調べ手続は、どのようにするのですか…192
- **Q32** 調査嘱託の申立と取り調べ手続は、どのようにするのですか ……………………………………………………197
- **Q33** 証拠保全の申立手続は、どのようにするのですか ………199
- **Q34** 当事者照会の手続は、どのようにするのですか …………204

第7章

判決の言渡し
207

- **Q35** 判決とは、どんなものですか ……………………………209
- **Q36** 判決書には、どのように書かれているのですか …………215
- **Q37** 判決の効力とは、どんなものですか ……………………219

第8章
上訴の手続
223

Q38 上訴とは、どういうことですか..................................225
Q39 控訴の手続は、どのようにするのですか......................229
Q40 上告と上告受理申立の手続は、どのようにするのですか....237

第9章
抗告の手続
247

Q41 抗告とは、どういうことですか..................................249
Q42 抗告の手続は、どのようにするのですか......................252

第 1 章●
初めての民事訴訟

Q1 民事訴訟の手続は、どんな場合に利用できますか

1 民事訴訟の手続を利用する場合

(1) 民事訴訟の手続とは、社会生活上の私的な立場の個人（私人）の間の紛争を裁判所で法律的に強制的に解決する手続をいいます。私人の間の紛争の解決方法には、大別すると、①裁判所では民事訴訟のほかに、②裁判所での調停、③裁判所と関係のない話し合いによる和解（互いに譲歩して争いを止める合意）がありますが、強制的に解決するには民事訴訟の手続によります。

(2) 例えば、赤信号で停止しているあなたの自動車に飲酒運転の自動車が追突して、あなたがケガをしたり自動車が破損した場合は、①加害者はケガの治療費や自動車の修理費の損害賠償責任（民事責任）を負いますから、加害者に賠償請求をすることができますが、この請求は民事訴訟の手続によります。更に、②加害者は飲酒運転の刑事責任を負うほか、③加害者は公安委員会による運転免許の停止や取消の行政責任を問われる場合があります。②の刑事責任は捜査機関の捜査により検察官の起訴による刑事訴訟の手続によって確定されますが、③の行政責任は公安委員会の手続により決定されます。この場合、一つの交通事故により加害者には、①民事責任、②刑事責任、③行政責任の3つの責任が生じますが、民事訴訟は、民事責任を解決する手続なのです。

(3) 民事訴訟の手続を利用する場合に特に注意することは、民事訴訟の判決の結果は予測できないということです。100％の勝訴を確信していても、敗訴の判決を受けることも多いのです。このような結果に終わる主な理由は、裁判官が判断を誤るからです。このことは弁護士に依頼して民事訴訟を行う場合でも変わりません。裁判官が判断を誤ることを防止

することはできませんから、裁判官の誤判決は永遠に続くのです。

2　民事訴訟手続を利用する場合の主な訴訟の類型

(1)　民事訴訟手続を利用する場合の訴訟の類型は無数にありますが、主な類型は以下に述べる通りです。民事訴訟を提起する場合には、原告（訴えを提起する者）は訴状という書面を裁判所に提出する必要がありますが、訴状を作成する場合には、大きな公立図書館や法学部のある大学図書館で訴状のひな型（書式集）を参考にするのが便利です。

　　紛争の対象となる金額（請求額）が140万円以下の場合の訴状は簡易裁判所に提出しますが、簡易裁判所では、簡単に記入できる訴状の用紙を備え付けていますから、その用紙を利用することもできます。

　　なお、私人間の紛争でも家庭内の紛争である相続の場合の遺産分割、財産分与、親の扶養のような事件は家庭裁判所の家事事件手続として処理されます（家事事件については「家事事件手続ハンドブック」（緑風出版発行）参照）。

(2)　損害賠償請求の例
　①　交通事故の加害者に対する損害賠償請求訴訟（治療費、修理費その他）
　②　名誉毀損による加害者に対する慰謝料請求訴訟
　③　信用毀損・業務妨害による加害者への損害賠償請求訴訟
　④　医師の医療ミスによる損害賠償請求訴訟
　⑤　教師の体罰による傷害の損害賠償請求訴訟
　⑥　欠陥住宅の売主に対する損害賠償請求訴訟

(3)　返還請求訴訟の例
　①　貸金の返還請求訴訟
　②　物品の返還請求訴訟
　③　敷金の返還請求訴訟
　④　土地や建物の返還請求訴訟
　⑤　不当利得（法律上の原因なしに得た利益）の返還請求訴訟

(4) 金銭請求訴訟の例
　① 建築工事請負代金請求訴訟
　② 売掛代金（商品代金、売買代金）請求訴訟
　③ 保険金請求訴訟
　④ 違約金請求訴訟（契約違反のあった場合）
　⑤ 報酬金請求訴訟
　⑥ 飲食代金請求訴訟

(5) 確認訴訟の例
　① 解雇無効確認請求訴訟
　② 配置転換無効確認請求訴訟
　③ 貸金債務不存在確認請求訴訟（借金のないことの確認）
　④ 建物賃借権確認請求訴訟
　⑤ 土地所有権確認請求訴訟
　⑥ 雇用関係存在確認請求訴訟

(6) 差止請求訴訟の例
　① 冷暖房屋外機騒音差止請求訴訟
　② 騒音防止請求訴訟
　③ 商号の使用差止請求訴訟
　④ 知的財産権（特許権、著作権その他）に基づく差止請求訴訟

(7) 形成訴訟の例（判決により権利関係の変動を生じさせる訴訟）
　① 境界確定請求訴訟（土地の境界の確定を求める場合）
　② 株主総会決議取消請求訴訟
　③ 共有物（複数の者で所有する物）の分割請求訴訟

(8) 行政訴訟の例（民事訴訟の手続で審理されます）
　① 行政文書の違法な非開示処分の取消訴訟
　② 公務員の不法行為による損害の国や自治体に対する国家賠償請求訴訟

③ 公道や河川の欠陥による損害の国や自治体に対する国家賠償請求訴訟
④ 違法な公金支出等に対する地方自治法による住民訴訟
　ア　違法な公金支出の差止請求
　イ　違法な公金支出に対する損害賠償請求

Q2 法律を知らなくても本人訴訟はできますか

1 民事訴訟の仕組みからみた本人訴訟

(1) 民事訴訟の仕組みは簡単で、①まず「事実」があって、②その事実に裁判官が法律を適用して、③裁判官が判決を下すというだけのものです。あなたが民事訴訟を提起した場合に行うことは、自分に有利な「事実」を証拠に基づいて主張し立証することに尽きます。法律は裁判官が知っているからです。裁判官は法律は知っていても「事実」は知らないわけですから、原告は、自分の主張する事実を証拠によって裁判官に対して証明（立証）をする必要があるのです。この場合の「主張」とは、自分の言い分を述べることをいい、「立証」とは、その主張を裏付ける証拠を提出することをいいます。証拠には、物的証拠（書類その他の物）と人的証拠（証人その他）があります。

(2) 仮に弁護士に依頼して民事訴訟を提起した場合でも、弁護士は法律は知っていても、あなたの依頼する事件の「事実」は、裁判官と同様に知らないのですから、「事実」を熟知しているあなたから事実に関する本人の主張と立証が最も大切なのです。

(3) 裁判官が判決（判断）を誤る最大の原因は、「事実はどうであったのか」という事実認定を誤ることが最大の原因なのです。従って、民事訴訟で最も大切なことは、裁判官の事実認定を誤らせないような事実の主張とその主張を裏付ける証拠の提出（立証）なのです。

2 本人訴訟と法律知識

(1) 弁護士に依頼しても断れた場合や弁護士報酬を支払えない場合には、本人訴訟を行うしかありませんが、本書の内容程度の知識があれば、簡

単に民事訴訟手続を行うことができます。訴訟代理人としての弁護士の仕事は、音楽家や画家のような特別の才能を必要とする仕事ではありませんから、本書の内容程度の知識があれば、誰でも簡単に民事訴訟を行うことができます。本書でも分からない細かいルールは、裁判所の民事受付の書記官に聞けば教えてくれます。

(2)　法律書は最初のうちは難しく感じられる場合がありますが、その原因は、法律専門用語が分からないからです。法律が分かるということは、法律専門書を読んで分かるということです。特殊な専門用語は「法律用語辞典」で調べるとよいのですが、基本的な専門用語として100程度の用語を理解すれば、教科書も短時間で読みこなせます。

(3)　民事訴訟は学問ではなく実務ですから、本人訴訟を1回経験すると、その仕組みがよく分かります。本書に引用した民事訴訟法や民事訴訟規則の条文は、本書の内容で分かりにくい場合には、必ず六法全書で確認をしておきます。
　　民事訴訟の範囲は広範囲にわたりますから、例えば、①医療過誤訴訟、②欠陥住宅訴訟、③特許権その他の知的財産権訴訟のような特殊の訴訟では、たとえ弁護士に依頼した場合でも、その分野の専門家の協力は不可欠です。

Q3 本人訴訟のリスクは、どんなことですか

1 本人訴訟のリスク

(1) 本人訴訟のリスクとしては敗訴の危険性が考えられますが、民事訴訟では、たとえ、当事者（原告と被告）の双方が弁護士を付けたとしても、いずれかが敗訴となりますから、本人訴訟でなくても敗訴の危険性は常にあるのです。更に、完全に立証できたと思っていても誤判決により敗訴の判決を受ける場合もあります。

(2) 完全な証拠を提出して絶対に勝訴すると確信していた場合でも、敗訴をする場合があります。例えば、裁判官は、あなたに有利なAの証言と正反対のBの証言を採用することもあるからです。民事訴訟では裁判官の自由心証主義が採用されているからです。自由心証主義とは、裁判官が証拠に基づいて事実認定をするに際し、証拠の信用性の程度について規制を設けず裁判官の自由な判断に委ねる立場をいいます。従って、民事訴訟の判決は予測できないのです。

(3) 例えば、ある土地がA所有の土地か、B所有の土地かが争われた場合に、一審判決はA所有とし、二審（控訴審）判決はB所有とした場合に、二審判決に憲法違反のような上告理由がない場合は、B所有とした二審判決が確定しますが、後日、A所有であることが判明した場合でもB所有とした判決は変わりません。この場合の真実の所有者が誰かは裁判所の判断の対象とはなりません。

(4) 民事訴訟手続の目的は紛争の解決にありますから、たとえ間違った判決であっても判決が確定すると争うことはできませんから、真実に反しても紛争は終結するのです。民事訴訟では、例えば、(3)のように、ある

土地がA所有の土地か、B所有の土地かが争われた場合に、Aが真実でないことを知りながら、Bの所有であることを認めた場合には、真実に反していてもB所有とされるのです。民事訴訟では、刑事訴訟の目的が「事案の真相を明らかにする」のとは異なり、真実の発見を目的としていないからです。

2 訴訟のリスク

(1) 訴訟のリスクとは、真実を知らない裁判官が判断をしますから、誤った判決により敗訴とされるリスクをいいます。しかし、このリスクは、本人訴訟をするか、弁護士に依頼するかとは関係のないことです。訴訟のリスクとは、一言でいえば、訴訟の結果が予測できないことをいいます。医学その他の自然科学の分野では、一定の行為をした結果を予測することができますが、民事訴訟の実際では、判決の結果を予測することができないのです。その主な理由は、誤判決が多いからです。裁判所に期待すること自体がリスクを負うことになります（あきれる裁判の実態は「あきれる裁判と裁判員制度」（緑風出版）参照）。

(2) 民事訴訟の制度では、裁判官が原告の主張と被告の主張のいずれを認めるべきかが判断できない場合には、原告の立証が果たされていないとして原告敗訴の判決をすればよいルールが定められています。このルールを原告の証明責任（立証責任）といいます。証明責任とは、ある事実が裁判官にとって真偽不明の場合に不利な判断（敗訴の判決）を受けるように定められている訴訟当事者の不利益をいいます。真実は分からなくても、証明責任のルールにより判決を出せばよいだけですから、誤判決であることが明確になった場合でも裁判官が責任を問われることはありません。

(3) 自治体の違法な公金支出について返還を求める住民訴訟のような行政訴訟では、行政側の「裁量権の範囲内だ」として原告を敗訴させる判決が出されます。裁判官の判断基準である「裁量権」という物差しは、いわば「伸び縮みする物差しのようなもの」で、客観的な基準はないので

訴訟リスクの典型例といえます。「裁量権の範囲内」というのは、水戸黄門の印籠のようなもので、これにより紛争はすべて解決することになるのです。法律学は真理を語る学問ではなく、紛争解決の制度であり技術に過ぎないのです。

Q4 法テラスは、どんな場合に利用できますか

1 法テラスとは

(1) 法テラスとは、総合法律支援法(平成16年6月施行)に基づいて設立された政府出資の法人「日本司法支援センター」の愛称をいいます。法テラスの愛称の由来は、心に光を「照らす」場という意味によります。経済的に余裕のない人は、無料の法律相談を受けることができます。

(2) 法テラスでは、本人訴訟をすることのできない事情のある場合や本人訴訟ができなくなった場合に相談をすることができます。法テラスは、各都道府県庁の所在地に置かれていますが、全国共通の電話番号は次の通りです。

0570-078374 (平日9時～21時、土曜9時～17時、日曜祝日は休業)

各都道府県庁の所在地に置かれている法テラスの事務所の所在場所は、NTTの職業別電話帳か上記の全国共通の電話番号で確認します。各地の事務所の受付時間は、月曜～金曜の9時～17時で、土曜・日曜・祝日は休業になっています。

(3) 法テラスのサービス内容は、①法律制度や相談窓口の情報提供と②民事法律扶助制度による支援となっています。法テラスの情報提供は、法律上のトラブルの解決に役立つ情報の提供や自治体、弁護士会、司法書士会その他の「士」業団体の相談窓口の情報を無料で提供しています。ただし、単に相談窓口を紹介するだけで、個別の事案に関する具体的なアドバイスや対処法のような法律相談を受けることはできません。個別の事案に関する法律相談を希望する場合は、弁護士会の有料の法律相談を受けることになります。

2 民事法律扶助制度とは

(1) 法テラスの民事法律扶助制度として、経済的に余裕のない者に対する①無料の法律相談援助、②訴訟の代理人援助、③書類作成援助の制度があります。民事法律扶助制度による援助を受けるには、次の条件を満たすことが必要です。詳細は、全国共通の電話番号で確認をします。

① 資力の要件

ア 月収（賞与を含む手取り年収の12分の1）が次の金額以下であること

単身者　　182,000円（200,200円）
2人家族　　251,000円（276,100円）
3人家族　　272,000円（299,200円）
4人家族　　299,000円（328,900円）

カッコ内は東京、大阪のような大都市の基準です。

イ 保有資産が次の基準以下であること

単身者　　180万円
2人家族　　250万円
3人家族　　270万円
4人家族　　300万円

② 勝訴の見込みがないとは言えないこと

和解、調停、示談成立等による紛争解決の見込みがある場合、自己破産の免責見込みがある等も含みます。

③ 民事法律扶助の趣旨に適すること

報復的感情を満たすだけの場合、宣伝のための場合、権利濫用的な訴訟の場合は援助されません。

(2) 民事法律扶助を受ける場合の手続は、次の通りとなります。

① 扶助の申込

資力の要件に該当するか否かを説明します。資力の要件に該当する場合は無料法律相談の予約ができます。

② 資力の要件に該当する場合は、無料法律相談を受けます。

③　次の書類を提出して扶助の要件の審査を受けます。
　　ア　資力を証する書類（給与明細書、年金通知書、生活保護受給証明書その他）
　　イ　住民票（本籍、筆頭者、続柄、世帯全員の記載のあるもの）
　　ウ　事件関係書類
④　扶助開始決定を受けると法テラスの基準により弁護士費用を決定します。
　　費用は法テラスが本人に代わって弁護士に支払い、本人は、毎月1万円ずつ又は5千円ずつを分割で返還します。
⑤　事件が終了した後、事件の結果により審査のうえ法テラスの基準によって弁護士の報酬額と支払方法等を決定します。

Q5 原告になる場合の留意点は、どんなことですか

1 原告になる場合の留意点

(1) 原告として本人訴訟を行うことが困難な場合として、1カ月ないし2カ月に1回程度の裁判所の指定した期日（審理をする日時）に休暇を取れないサラリーマンの場合があります。これに対して、比較的時間の融通のつく者には、定年退職者、専業主婦、自営業者、農林漁業従事者、会社役員、無職者がありますが、これらの者は本人訴訟が可能と考えられます。

最初の期日は、裁判所が当事者の都合を聞かずに期日を指定しますから、欠席してもかまいませんが、2回目以降の期日は、当事者双方の都合を聞いて期日を決めますから、原則として欠席や期日の変更は認められません。

(2) 原告と被告の住所地が同一裁判所の管轄区域内にある場合には問題となりませんが、被告の住所地が遠隔地にある場合には、訴状を受け取った被告が、自分の住所地の裁判所への移送（他の裁判所へ事件を移すこと）を、原告が訴え提起した裁判所に対して移送申立をする場合があります。

移送申立が認められるには、訴訟の著しい遅滞を避けるためその他の民事訴訟法に定める事由が必要ですから、申立が認められるとは限りませんが、申立が認められた場合の対応を考えておく必要があります。例えば、次のような対応があります。

① 2回目以降の期日を「弁論準備手続」にしてもらい電話会議によって対応する
② 移送先の裁判所の近くの弁護士に訴訟代理人を依頼する
③ 訴え自体を取り下げる
④ 対応せずに敗訴判決を受け入れる

(3) 訴訟の勝敗は、裁判官が事実認定を誤らなければ「証拠」によって決まりますから、原告となる者は、訴訟提起の前に証拠を収集しておく必要があります。証拠には、①物的証拠（文書その他の物）と②人的証拠（証人、鑑定人、当事者本人）がありますが、裁判官は、人間はウソをつくと考えていますから、物的証拠を十分に収集することが大切です。

(4) 相手方の被告には訴訟代理人の弁護士が付くと考えておきます。弁護士が付いても何ら訴訟手続は変わりませんから、本書に述べた手続で進めればよいだけのことです。本人訴訟の場合には、裁判所の書記官に尋ねれば親切に教えてくれます。例えば、期日毎に書記官の作成する期日の調書のコピーの貰い方は裁判所によって異なりますから書記官に尋ねます。

(5) 相手方の被告は、二審の控訴、三審の上告又は上告受理申立をする場合があると考えておきます。二審の控訴審の裁判所が遠隔地にある場合は、裁判所への出頭の可否が問題となります。最高裁判所への上告又は上告受理申立により審理が開始されることは、ほとんどありませんから、最高裁判所への出頭はないと考えておきます。

(6) 訴訟の内容が、①医療過誤訴訟、②欠陥住宅訴訟、③特許権その他の知的財産権訴訟のような特別の知識が必要となる訴訟では、これらの分野に精通した専門の弁護士に依頼するのが無難です。しかし、専門の弁護士を依頼できない場合には、例えば、①では医師、②では1級建築士、③では弁理士のような専門家の協力が得られれば、本人訴訟も可能です。

(7) 原告の訴訟提起が自分に権利のないことを知りながら、被告に損害を与えるためや紛争解決以外の嫌がらせ目的のような、裁判制度の趣旨目的に照らして著しく相当性を欠く場合には、訴訟提起自体が違法とされる場合があります。しかし、裁判を受ける権利は、憲法上の権利ですから、訴訟提起自体が違法とされる場合は、ほとんどありません。

2　原告になる場合の損得勘定

(1)　例えば、10万円の貸金債権を回収するのに10万円の訴訟費用を使ったのでは何にもなりませんから、訴訟提起は損か得かで考える必要があるという意見があります。もっともな意見で、この損得勘定の考え方に従えば、原告となるかどうかの判断は簡単です。しかし、あなたの名誉を毀損する怪文書が大量に配布されてあなたの名誉が毀損された場合には、損得勘定だけで判断することはできません。この場合の民事上の責任追及は、民事訴訟による慰謝料請求ということになります。日本の裁判所は一般に慰謝料を極めて低額しか認めませんが、慰謝料の対象となる精神的苦痛その他の精神的損害は、原告にも裁判官にも算定は不可能だからです。

(2)　名誉毀損は、刑法上の犯罪とされていますから、名誉毀損罪（刑法230条）の規定により捜査機関に犯人を告訴することができますが、刑事責任を問うためには検察官の公訴の提起により有罪判決がなされる必要があります。しかし、刑事責任を問うことと民事上の責任を問うこととは異なりますから、捜査機関の判断にかかわらず、名誉毀損の民事上の責任を慰謝料請求として求めるのが通常です。

Q6 被告になっても、本人訴訟はできますか

1 被告になった場合の対応

(1) 原告は、必要な証拠も十分に収集して準備が完了した後に訴訟提起をしますが、被告は、ある日、突然に訴状が送付されて対応を迫られることになります。訴訟代理人の弁護士を依頼するにしても、すぐに適当な弁護士が見つかるとは限りませんから、とりあえず、本人訴訟として「答弁書」だけは提出しておく必要があります。答弁書とは、被告の言い分を書いて最初に提出する書面をいいます。訴状に同封して裁判所から答弁書の提出期限を書いた書面が送付されますから、その提出期限までに裁判所に提出し原告にも直送します。直送できない事情のある場合は、書記官に申し出て書記官から原告に送付してもらうことも可能です。

(2) 被告が答弁書を提出せずに最初の期日（第1回口頭弁論期日）に欠席した場合は、欠席裁判として被告に敗訴の判決が言い渡される場合がありますから、期日に出頭しない場合でも必ず答弁書は提出しておく必要があります。被告が答弁書を提出せずに最初の期日に欠席した場合は、被告が原告の主張を認めたものとされる場合がありますが、答弁書を提出して最初の期日に欠席した場合は、答弁書に記載したことを陳述したものとして審理が進められます。本書の記載例を参考にして答弁書だけは提出しておきます。

(3) 原告が遠隔地の裁判所に訴訟提起をして被告の対応が困難な場合には、民事訴訟法17条の要件を満たす場合に限り、被告の住所地の裁判所等に事件を移送する申立をすることができます。移送のできる要件としては、①訴訟の著しい遅滞を避け、又は②当事者間の衡平を図るために移送が必要であると認められる場合とされています。例えば、東京都に住

所のある被告が、原告の住所のある北海道札幌市で交通事故を起こして原告にケガをさせた場合は、原告は、①原告の住所地、②被告の住所地、③不法行為地（交通事故発生地）の中から原告に都合のよい裁判所を選択することができますから、この場合には、原告は札幌市の裁判所を選びます。被告には遠隔地となりますから、東京地裁への移送申立が考えられますが、この場合には、交通事故の目撃者の証人が札幌市にいたり、交通事故の検証場所が札幌市にあること等から、移送申立は認められない可能性が高いといえます。

(4) 訴訟代理人を弁護士に依頼したいが、経済的に余裕がない場合は、各都道府県にある法テラス（日本司法支援センター）で相談をしてみます。法テラスでは、経済的に余裕のない者のための民事法律扶助制度の利用が可能かどうかを尋ねます。民事法律扶助制度の利用ができない場合は、自分で弁護士の費用を支払うしかありませんが、その場合でも、弁護士会の有料の法律相談（30分まで5,400円）を利用して着手金や報酬金の金額を聞いておきます。弁護士によっては分割払いや支払額の相談に乗ってくれる場合もあります。

2 被告とされた場合の留意点

(1) 被告とされた場合には、裁判所から①訴状、②口頭弁論期日呼出状（最初の期日の日時と場所を書いた書面）、③答弁書催告状（提出期限を書いた書面）が書留郵便で送付されますから、訴訟代理人の弁護士が依頼できない場合には、とりあえず、答弁書だけは作成して提出期限までに裁判所に提出するとともに原告に直送します。提出期限までに作成できない場合は、最初の期日に持参してもよいし、最初の期日までに裁判所に到達する場合には郵送によって提出することもできます。提出期限後に郵送する場合には、担当の書記官にその旨を電話連絡しておきます。

(2) 弁護士を依頼したい場合でも、弁護士には医師のような応諾義務がありませんから、依頼を断られる場合も多いのです。たとえ応諾義務があったとしても、依頼人と弁護士の間には信頼関係が必要ですから、無理

に依頼することはできないのです。

　弁護士の探し方の決め手はありませんが、次のような方法があります。
① 友人、知人、親類に紹介してもらう。
② 自治体の無料法律相談を利用して信頼できる人に依頼します。
③ 弁護士会の有料法律相談を利用して信頼できる人に依頼します。
④ 法テラスに相談をしてみる。
⑤ 隣接法律専門職（司法書士、行政書士等）に紹介してもらう。

　良い弁護士を探すことは困難ですが、最低限の条件は次の通りです。
① 熱心にやってくれること。
② 人柄に問題のないこと。
③ 依頼者と相性が合うこと。

(3)　訴訟代理人を弁護士に依頼した場合であっても、まかせっきりにせずに、必要と思う証拠書類を持参したり自分の主張を書いたメモを持参するようにします。弁護士は、法律は知っていても、事件の当事者ではないので「事実」を知らないからです。自分の主張を裁判所で主張してもらいたい場合には、メモにして弁護士に渡しておきます。裁判所に提出した書類と相手方から受け取った書類のコピーは弁護士から貰うことを最初に約束をしておきます。期日に出頭できる場合には、弁護士に依頼している場合でも、出頭して裁判の進行を確認しておきます。

第 2 章●
民事訴訟の仕組みと基本ルール

Q7 民事訴訟の仕組みは、どのようになっているのですか

1 民事訴訟とは

(1) 民事訴訟とは、私たちの社会生活の中から生ずる紛争を裁判所が法律を適用して解決する手続をいいます。民事訴訟は、社会生活上の私的な立場の個人間の争いを裁判所が解決する手続であって、①国家機関である検察官が刑罰を科することを求める刑事訴訟、②行政機関の権限行使により国民の権利義務を制約する行政処分とは異なります。

　私的な個人間の紛争であっても、家庭内の紛争である離婚、遺産分割、親の扶養、財産分与のような紛争は家事事件といわれ、家庭裁判所の手続により解決することになります。

(2) 民事訴訟は民事責任の有無を確定する手続ですが、一つの紛争から①民事責任のほかに、②刑事責任や③行政責任を問われる場合があります。例えば、自動車事故の加害者は、次のような3つの責任を問われることになります。
   ① **民事責任**（例えば、被害者に対する損害賠償責任）
   ② **刑事責任**（例えば、業務上過失致死傷罪のような刑法上の責任）
   ③ **行政責任**（例えば、運転免許の停止や取消の行政処分）

(3) 民事訴訟の類型は無数にありますが、典型例を示すと次の通りです。
   ① 交通事故の被害者が加害者に対して行う損害賠償請求訴訟
   ② 貸した金の返還を求める貸金返還請求訴訟
   ③ 土地や建物の明け渡しを求める土地建物明渡請求訴訟
   ④ 医師の手術ミスによる損害賠償請求訴訟
   ⑤ 公立中学校教師の体罰の傷害による国家賠償請求訴訟
   ⑥ 売掛金が支払われない場合の売掛代金請求訴訟

⑦　賃金が支払われない場合の賃金請求訴訟

2　民事訴訟の仕組みは簡単

(1)　民事訴訟の対象となる紛争の類型は無数にありますが、民事訴訟の仕組みは簡単で次のように、①まず「事実」があって、②その事実に法律を適用して、③判決を下すというだけのことなのです。

　例えば、①赤信号で停止中の自動車の運転者が追突されて傷害を負った事実がある場合に、②故意又は過失により他人の権利を侵害し、追突した者は、賠償責任があると規定する民法709条を適用して、③損害賠償を命ずる判決を下すことになります。

① まず「事実」があって（事実がどうであったのかを裁判官が証拠により認定しますが、これを事実認定といいます）
② その事実に裁判官が法律を適用して
③ 判決を下す

　裁判官が判決を誤る主な原因は、「事実認定」を誤ることにあります。例えば、ある土地がAの所有かBの所有かが争われた場合に、一審判決はA所有とし、二審判決はB所有とするような正反対の判決が見られますが、この場合は、一審判決か二審判決のいずれかが誤っていることは明らかです。裁判官は法律の専門家であっても、事実認定の専門家ではありませんから「事実認定」を誤ることは多いのです。

(2)　判決は、三段論法により結論を出します。三段論法とは、①「AはBである」という大前提（判断基準となる法律）に、②「BはCである」という小前提（事実認定をした事実）を当てはめて、③その結論として「AはCである」という結論を出します。簡単な例で言うと、①すべての人は死ぬ（大前提）、②彼は人である（小前提）、③ゆえに彼は死ぬ（結論）という推理の方式です。

　上例の交通事故の例では、

① 故意又は過失により他人の権利を侵害した者は賠償責任を負う（大前提）
② 赤信号で停止中の自動車に追突して傷害を負わせた事実（小前提）

③ 追突した者に損害賠償を命ずる判決（結論）

(3) 判決に至る法的三段論法は、次の通りになります。
大前提（判断基準の法律）→小前提（事実認定をした事実）→結論（判決）
裁判官は、①判断基準の法律に規定する要件に該当する事実に、②具体的に発生した事実（事実認定をした事実）を当てはめて、③判決を出すことになります。

3　民事訴訟の手続の仕組み

(1) 民事訴訟の手続の仕組みは、次の3段階となります。
① 申立　（原告が裁判所に訴状を提出して訴えの提起をします）
② 主張　（申立の理由を述べます）
③ 立証　（自分の主張した事実を証明します）
　申立（訴えの提起）をした原告のすることは、①申立をした理由を主張することと、②自分の主張した事実を証明することに尽きます。

(2) **申立**とは、原告（訴えを提起した者）が裁判所に訴状という書面を提出して訴えを起こすことをいいます。申立には、①原告が裁判所に対して行う「訴え」と、②原告が裁判所を通して被告（訴えられた者）に対して行う権利主張である「請求」の両方を含みます。
　原告の訴え（申立）に対する判決には、次の種類があります。
① 却下判決　（原告の訴え自体が不適法であるとする判決）
② 請求棄却判決　（訴え自体は適法だが、原告の請求を認めない判決）
③ 請求認容判決　（原告の請求の全部又は一部を認める判決）
　被告は、通常は、却下判決や請求棄却判決を求めて次の主張をします。しかし、被告による請求の認容もあり得ます。
① 訴えの却下　（原告の訴えが不適法であるとする主張）
② 請求の棄却　（原告の請求には理由がないとする主張）

(3) **主張**とは、当事者（原告と被告）が原告の申立について自分の言い分を主張することをいいます。原告は、自分の申立が正当であるとする根拠

を主張し、被告（訴えられた者）は、その申立が正当でないとする根拠を主張します。

　訴状に記載された原告の主張に対する被告の最初の応答を書いた準備書面（自分の言い分を書いた書面）を答弁書といいますが、原告も被告も審理の開始後は口頭弁論期日（裁判所で審理をする日時）の前に自分の主張を書いた準備書面を裁判所に提出するとともに相手方に直送します。

　準備書面に書かれた相手方の主張する事実に対しては、その事実を認めるのか否認するのかが分かるように次のような応答を準備書面で明確にします。

① 　認める　（相手方の主張した事実を認める場合は、自白とされ、裁判所は、自白を前提として判断することになります）

② 　否認する、又は争う

③ 　知らない、又は不知　（この場合は、争ったものと推定されます）

④ 　沈黙　（上記の①②③のいずれの応答もしない場合で、口頭弁論の全趣旨から争ったものと認められる場合を除き、自白したものとみなされます）

　当事者（原告と被告）は、自分に有利な事実を主張しておかないと、その事実はないものとして扱われ、不利益な判決を受けることになります。この不利益のことを「主張責任」（Q8で説明）といいます。つまり、主張責任とは、主張しなかったときに不利益を受ける結果責任をいうのです。

(4)　立証とは、相手方が、こちらの主張する事実のうち「否認する（争う）」又は「知らない（不知）」と答えた事実について証拠によって証明する手続をいいます。

　例えば、①証人申請をして証人の証言を得る、②新たな証拠となる書類を探して提出する、③現場の検証を申し立てて証明する、④鑑定結果によって証明する、といった手続があります。訴訟の各段階の中で立証（証明）の段階が最も重要です。

　立証によっても事実の真偽が不明の場合でも、裁判官は裁判を拒否することはできませんから、「立証責任（証明責任）」（Q8で説明）を負う当事者が不利益な判断を受ける仕組みを採用しています。

立証責任（証明責任）とは、ある事実が真偽不明の場合に、いずれかの当事者が負うべき不利益のことをいいます。一般に立証責任は、原告が負うことになります。立証責任が、いずれの当事者にあるのかは法律の規定によって決まっており、訴訟の経過によって変動することはありません（Q8の4参照）。

Q8 民事訴訟の基本のルールは、どのようになっているのですか

1 弁論主義のルール

(1) 弁論主義とは、判決の基礎となる事実と証拠は、当事者（原告と被告）の提出したものに限られるとする民事訴訟手続の基本のルールをいいます。これに対して、事実と証拠の収集を裁判所の職権とする原則を職権探知主義といいますが、家庭裁判所の家事審判事件で採用されています。

(2) 弁論主義のルールは、次の3つに要約されます。
① 判決の基礎とされる事実は、当事者が口頭弁論期日（公開の法廷で口頭で陳述するために裁判所が指定した日時）において主張したものに限られます。このルールを「主張責任の原則」といいます。つまり、裁判所は、当事者が口頭弁論で主張しない事実を判決の基礎としてはならないのです。この場合の事実とは、権利の発生・変更・消滅という法律効果の発生に直接必要な事実（主要事実）をいいます。
   (a) 当事者が自分に有利な主要事実を主張しない場合は、その事実はないものとして扱われて不利益な判決を受けることになりますが、この不利益を主張責任といいます。
   (b) 主張責任を負う当事者が主張した事実であるか、相手方が主張した事実であるかを問わず、当事者のいずれかが主張した事実である限り、これを判決の基礎とすることができます。このことを主張共通の原則といいます。
② 裁判所は、当事者の間に争いのない事実（自白された事実）は、そのまま判決の基礎としなければなりません。自白とは、自分に不利益な主要事実を真実と認めることをいいます。裁判所は、自白の真偽を確かめるための証拠調べをしてはなりませんから、証拠によって自白された事実（争いのない事実）に反する事実を認定することはできません。

これを自白の裁判所拘束力ともいいます。
③　裁判所は、事実を証拠によって認定する場合には、必ず当事者の申し出た証拠によらなければなりません。裁判所が職権で証拠調べをすることは禁止されているのです（職権証拠調べ禁止の原則）。

2　処分権主義のルール

(1)　処分権主義とは、当事者の自由意思によって、①民事訴訟を開始するかどうか、②審判の対象（訴訟物）やその範囲をどうするか、③民事訴訟を終了させるかどうかを決定することができるルールをいいます。処分権主義は、私的自治の原則（私的な法律関係は個人の自由意思によって規律させる原則）を民事訴訟にも反映させたものです。

(2)　処分権主義の内容は、次の通りです。
①　民事訴訟をどんな場合に開始するか、上訴（高等裁判所への控訴その他）をするかどうかを自由意思で決定することができます。
②　審判の対象やその範囲を自由意思で決定することができます。裁判所は、当事者が申し立てていない事項について判決をすることはできません（246条）。裁判所は、その申立に拘束されるのです。
③　当事者の意思により裁判によらずに訴訟を終了させることもできます。例えば、原告が訴えを取り下げたり、上訴をした当事者が上訴を取り下げたり、当事者が和解により民事訴訟を終了させる場合があります。

3　口頭弁論のルール

(1)　口頭弁論とは、当事者が裁判所から指定された口頭弁論期日（裁判所で審理をする日時）に公開の法廷において口頭で当事者の弁論（主張の陳述）や裁判所の証拠調べを行う手続をいいます。例えば、原告の訴状の陳述、被告の答弁書の陳述、各当事者の準備書面の陳述、証人尋問のような手続があります。

(2)　口頭弁論のルールには、①公開主義、②双方尋問主義、③口頭主義、

④直接主義、⑤継続審理主義の諸原則があります。

① **公開主義**とは、民事訴訟の審理や判決を国民一般が傍聴することができる状態で行う原則をいいます。憲法82条1項は、「裁判の対審及び判決は、公開法廷でこれを行う」と規定しています。対審とは、対立する当事者が裁判官の面前で互いに弁論をたたかわせることをいいます。

② **双方尋問主義**とは、民事訴訟の審理において、当事者双方に、その主張を述べる機会を平等に与える原則をいいます。この原則は、当事者対等の原則とか、武器対等の原則ともいわれます。

③ **口頭主義**とは、口頭で陳述されたものだけが判決の基礎となりうるとする原則をいいます。この原則は、口頭審理主義ともいい、弁論や証拠調べを口頭で行う原則をいいます。

④ **直接主義**とは、当事者の弁論の聴取や証拠調べを判決をする裁判官自身が直接行う原則をいいます。しかし、例外として、転勤その他の理由で裁判官が交代した場合に最初から審理をやり直すのは訴訟経済に反するので、新裁判官の面前で従前の口頭弁論の結果を陳述することにより済ませることとしています（249条2項）。これを弁論の更新といいます。

⑤ **継続審理主義**とは、一つの事件のために審理を継続的・集中的に行って、その事件の審理を終了させた後に他の事件の審理にとりかかる審理方式をいいます（182条）。集中審理主義ともいいます。ただ、裁判所の実務では、併行審理方式（多数の事件を併行して審理する方式）によって審理が行われています。

4　証明責任のルール

(1) 証明責任（立証責任）とは、民事訴訟において、裁判官がある事実の存否について、いずれとも確信が得られない場合（ある事実の真偽が不明の場合）に、その事実は存在しないものとして扱われる一方の当事者の不利益をいいます。挙証責任ともいいます。

(2) 証明責任は、一つの主要事実（権利の発生・変更・消滅の法律効果の発生

に直接必要な事実)について一方の当事者(原告又は被告のいずれか)のみが負うのであって、双方の当事者が同時に証明責任を負うことはありません。

(3) 証明責任をどちらの当事者が負うのかについては、訴訟の最初から実体法(民法のような権利の発生・変更・消滅の要件を規定する法律)の規定によって定まっていますから、訴訟の経過によって証明責任を負う当事者が変わることはありません。

(4) 証明責任は、口頭弁論の終結時点において、ある主要事実の存否について裁判官が自由な心証によっても確信が得られない場合(真偽不明の場合)に初めて機能するものなのです。裁判官は、事実が真偽不明の場合でも裁判を拒否することはできませんから、証明責任のルールが必要となるのです。証明責任を負う当事者が証明することができなかった場合には、その者が敗訴することになります。

(5) ある事実について、いずれの当事者が証明責任を負うのかという問題を「証明責任の分配」といいます。証明責任の分配の基準について、判例や通説は、法規が適用されないことによって一方の当事者が受ける不利益を証明責任としているのであるから、証明責任の分配は、その事実を要件とする法規の性質によって判断されるとしています。つまり、各当事者は、自分に有利な法律効果の発生を定める法規の主要事実について証明責任を負いますから、証明責任の分配は、当然に自分に有利な法律効果の発生を定める法規の主要事実について証明責任を負うことになるのです。

　結局、証明責任を負う当事者は、法規の分類によって次の通りとなります。
① 法律効果の発生を定める法規の主要事実については、その権利の発生を主張する者が証明責任を負います。
② 法律効果の発生を障害する法規の主要事実については、その権利の発生が妨げられることを主張する者が証明責任を負います。

③ 一旦発生した法律効果の消滅を定める法規の主要事実については、その権利の消滅を主張する者が証明責任を負います。

5 主張責任のルール

(1) 主張責任とは、弁論主義（判決の基礎となる事実と証拠は各当事者の提出したものに限られるとする原則）のもとでは、各当事者は、自分に有利な判決を受けるためには、証明責任を負う主要事実について自らが主張しないと不利益な判決を受けることになりますが、この不利益のことをいいます。つまり、各当事者は、自分に有利な事実を主張しない場合には、その事実を要件とした自分に有利な法律効果の発生が認められない不利益をいうのです。

(2) 主張責任が問題となるのは、あくまでも主要事実（要件事実とか直接事実ともいいます）についてであり、次に述べる間接事実や補助事実については適用がありません。つまり、主要事実を裁判所が認定するには、当事者の主張がなければ認定することができませんが、間接事実や補助事実については当事者の主張がなくても裁判所は認定することができるのです。

① **主要事実**とは、権利の発生・変更・消滅という法律効果の発生に直接必要な事実をいいます。例えば、民法162条は、他人の物を20年間又は10年間、所有の意思をもって一定の要件のもとに占有した者は、その物の所有権を取得すると規定していますが、何年間占有したのかが主要事実となります。

② **間接事実**とは、主要事実の存在又は不存在を推認させるのに役立つ事実をいいます。例えば、占有していた土地で時々草刈りをしていた事実をいいます。この場合の草刈りと占有とは直接は結び付きませんが、草刈りの事実は占有を推認させるのに役立つ事実といえます。

③ **補助事実**とは、主に証拠に関する事実で、例えば、(a)ある領収書をAが作成したのかBが作成したのかという事実とか、(b)証人の証言についての証人の性格や記憶力に関する事実が補助事実となります。

(3) 主張責任は、いずれの当事者が負うのかの問題を「主張責任の分配」といいますが、一般的には上記の証明責任の分配の場合と同様に考えられています。つまり、主要事実については、当事者の一方のみがその存在又は不存在の主張責任を負うのであって、双方の当事者が同時に主張責任を負うことはありません。ただ、証明責任は、当事者間の主張に争いがある事実について問題となるのに対して、当事者から主張のない主要事実については裁判所は判決の資料とすることはできないので、主張責任は、証明責任の前提となるものなのです。

Q9 民事訴訟の手続の流れは、どのようになっているのですか

1 民事訴訟の手続の主な流れ

手続きの流れは下記のようになります。

訴えの提議 →訴状の審査 →訴状の送達 →答弁書の提出 →第1回口頭弁論期日 →口頭弁論の続行 →証拠調べ →弁論の終結 →判決言渡し →上訴（詳しくは2〜3頁参照）。

2 訴えの提起

① 訴えの提起は、原告（訴えた者）となろうとする者が、訴状という書面を法律で定められた裁判所に提出します。例えば、請求の金額が140万円を超える場合は地方裁判所、140万円以下の場合は簡易裁判所と定められています。

② 訴状は、裁判所用の正本1通と被告（訴えられた者）の数の副本（被告用）を裁判所に提出します。

③ 訴状を提出する際には裁判の手数料の収入印紙を提出しますが、収入印紙の金額はQ11に述べる通りです。収入印紙の金額が分からない場合は、裁判所の書記官に確認します。収入印紙は訴状に貼付せずに訴状受付係に手渡します。

④ 訴状を提出する際には書記官の指定する種類の郵便切手も提出します。郵便切手は訴状その他の書類を被告に送付する場合に使用します。判決後に郵便切手が残った場合は原告に返還されます。裁判所によっては郵便切手に代えて現金で郵便料金を納付する場合もあります。

3 訴状の審査

① 訴状の配付を受けた裁判官（3人の裁判官で構成する合議体の場合は裁判長）は、訴状が法律に定めた要件を満たしているかどうかを審査し

ます。
② 審査の結果、法律に定めた要件を満たしていない場合は、裁判官は、原告に対して相当の期間を定めて補正（訂正その他）を命じます。この補正命令に従わない場合は、不適法な訴状として訴状却下の命令（裁判の一種）がなされて訴訟は終了します。補正に応じないと訴訟は開始されません。

4 訴状の送達

① 裁判官は、訴状を適法なものと認めた場合は、書記官に訴状の副本を被告に対して送達させます。送達とは、法律に定めた方法によって書類を交付することをいいます。訴状の送達は、実務上は特別送達という書留郵便で郵送されます。

② 訴状の副本を被告に送達する際には、(a)第1回口頭弁論期日の呼出状と、(b)訴状の内容に対する応答を書いた答弁書の提出期限の通知書を同封します。この場合の期日とは、裁判所の審理の行われる日時をいいます。原告に対しては、第1回口頭弁論期日の呼出状が送付されます。

5 答弁書の提出

① 被告は、訴状の副本とともに送達された答弁書の提出期限通知書に記載された期限（通常は第1回口頭弁論期日の1週間程度前）までに答弁書を裁判所に提出するとともに原告にも直送します。答弁書とは、訴状に記載された原告の申立に対して、被告がする最初の応答を記載した準備書面（自分の言い分を書いた書面）をいいます。

② 被告が、原告に対して答弁書を直送することができない場合には、書記官に依頼して郵送してもらうこともできますが、その場合には、書記官の指定する郵便切手を提出しておく必要があります。

6 第1回口頭弁論期日

① 第1回口頭弁論期日では、原告は訴状を陳述し、被告は答弁書を陳述します。陳述といっても書面を読み上げるのではなく、裁判官の

質問に答えて「はい」とか「その通りです」のように述べるだけです。口頭弁論期日とは、原告と被告が公開の法廷で口頭で陳述をするために裁判所が指定した日時をいいます。

② 法廷の配置例は通常は次頁の通りとなっています。裁判官が一人制（単独制）の場合は次の配置例の裁判長の席となります。複雑な訴訟や行政訴訟では合議制（三人の裁判官で構成）で行われますが、その他の一般の民事訴訟は一人制で行われます。

合議制の場合の裁判長から見て右側の裁判官を右陪席裁判官といい、裁判長から見て左側の裁判官を左陪席裁判官といいます。

③ 第1回口頭弁論期日は、裁判所が原告と被告の都合を聴かずに日時を指定する場合がありますが、最初の期日に限って、原告又は被告のいずれか一方が欠席した場合について、

　(a) 原告が欠席した場合は訴状を陳述したものとみなされます。
　(b) 被告が欠席した場合は答弁書を陳述したものとみなされます（158条）。
　(c) 双方の当事者が欠席した場合は、1カ月以内に期日指定の申立をしない場合には訴えの取り下げがあったものとみなされます（263条）。

④ 裁判官は、第1回口頭弁論期日の終了時に双方の当事者の都合を聴いて第2回口頭弁論期日を指定します。当事者の一方が欠席した場合には、後日、書記官が当事者双方の都合を聴いて裁判官が期日を指定します。

⑤ 第1回口頭弁論期日に被告が答弁書その他の準備書面も提出しないまま欠席した場合には、被告は原告の主張した事実を自白したものとして弁論を終結することができます（159条）。この場合の自白とは、自分に不利益な事実を認めることをいいます。被告が欠席して原告の主張した事実を自白したものとみなして下される被告敗訴の判決を欠席判決といいます。

7 口頭弁論の続行

① 裁判所は、判決ができるようになるまで口頭弁論（口頭での主張の陳

一般的な法廷の配置例

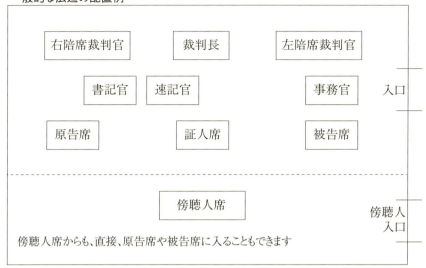

述と証拠の提出）を続行します。
② 各当事者は、各口頭弁論期日の前に準備書面（口頭弁論期日に法廷で陳述する自分の言い分を書いた書面）を裁判所に提出するとともに相手方にも直送する必要があります。直送することができない場合は、書記官に送付を依頼します。
③ 場合によっては、争点や証拠の整理のための、(a)弁論準備手続、(b)準備的口頭弁論、(c)書面による準備手続に移行します。これらの争点整理手続については、Q23で説明します。
④ 裁判所は、訴訟の係属中に各当事者に対して、いつでも和解（当事者が互いに譲歩をして訴訟を終了させる合意をすること）を試みることができます（89条）。

8 証拠調べ手続

① 口頭弁論手続や争点整理手続によって争点が明確になった場合には、証拠調べ手続に入ります。口頭弁論手続の中でも証人申請のような証拠の申出手続をしたり書証（証拠の文書）の提出をしたりします。
② 証拠調べ手続とは、証拠を提出して自分の主張が真実であることを

証明する手続をいいます。

　証拠には、(a)物的証拠（文書、場所、その他の物）と、(b)人的証拠（証人、当事者本人、鑑定人）とがあります。

③　証拠調べをするためには各当事者が証拠調べの申出をすることが必要です。証拠調べの申出方法は、証拠の種類によって異なります。Q27～Q31で説明します。

9　口頭弁論の終結

①　裁判所は、判決ができる状態になったと判断した場合には口頭弁論の手続を終結します。

②　裁判所は、口頭弁論の終結をした後でも必要があると判断した場合には、口頭弁論を再開することができます。例えば、判決書を作成するに際して審理が不十分であったことが分かったような場合です。

③　口頭弁論の終結に際して、裁判官は判決の言渡し期日を指定します。判決の言渡しには当事者は法廷に出頭する必要はありませんから、当事者の都合を聴かずに一方的に言渡し期日を指定します。

10　判決の言渡し

①　判決は、言渡しによって成立し判決の効力が生じます。判決とは、口頭弁論に基づいて裁判所（単独制又は合議制の裁判体）がする裁判をいいます。

　裁判の種類には、(a)判決のほか、(b)決定（口頭弁論に基づかずにできる裁判所の裁判）と、(c)命令（口頭弁論に基づかずにできる裁判官の裁判）の3種類があります。

②　判決の言渡しは、事件が複雑である場合その他の特別の事情がある場合を除いて、口頭弁論の終結の日から2カ月以内にする必要があります。

③　判決の言渡しは、当事者を言渡し期日に呼び出して行いますが、当事者が出頭しない場合でも言渡しをすることができます。

11　上訴

①　上訴とは、判決が確定する前にその取消や変更を求めて上級の裁判

所（上級審）に対して行う不服申立をいいます。判決に対する不服申立には、(a)控訴、(b)上告、(c)上告受理申立があります。
② 　第一審判決に不服がある当事者は、控訴を提起することができます。第一審が地方裁判所の場合は高等裁判所（簡易裁判所の場合は地方裁判所）へ控訴を提起します。控訴の手数料の収入印紙は訴状の場合の1.5倍になります。
③ 　第二審判決に不服がある当事者は、上告を提起することができます。第二審が高等裁判所の場合は最高裁判所（地方裁判所の場合は高等裁判所）へ上告を提起します。上告できる場合は、二審判決に憲法違反がある場合や重大な手続法違反がある場合に制限されています。高等裁判所が上告審としてした判決に憲法違反があることを理由とする場合には、最高裁判所に更に特別上告をすることができます。

　上告とは別に上告をすべき裁判所が最高裁判所である場合に、二審判決に最高裁判例や法令の解釈に関する重大な違反がある場合には、最高裁判所に対して「上告受理申立」をすることもできます。実務上は、上告状も兼ねて「上告状兼上告受理申立書」という書面を最高裁判所あてに提出します。上告状の手数料の収入印紙は訴状の2倍となります。「上告状兼上告受理申立書」の場合も上告状と同じ訴状の2倍となります。

Q10 訴訟費用は、どのくらいかかるのですか

1 訴訟費用とは

(1) 訴訟費用とは、民事訴訟において支出した費用のうち「民事訴訟費用等に関する法律」によって定められた範囲の、①裁判所の行為に要する費用（裁判所費用）と、②当事者が民事訴訟を行うために要する費用（当事者費用）をいいます。弁護士に依頼した場合の弁護士への報酬は含まれません。

① 裁判所費用とは、当事者が民事訴訟を行うについて裁判所（国庫）に納付すべき費用の総称をいいます。例えば、(a)裁判の申立の手数料（収入印紙代）、(b)証人や鑑定人の旅費・日当・宿泊料、(c)現地での検証に出張する裁判官や書記官の旅費・宿泊料、(d)鑑定の費用、(e)特別送達その他の郵便料があります。

② 当事者費用とは、当事者が民事訴訟を行うについて裁判所以外の者に支払う費用をいいます。例えば、(a)訴状・準備書面・申立書その他の書類の作成・提出費用、(b)当事者自身の出頭のための旅費・日当・宿泊料があります。

訴訟費用は、原則として敗訴の当事者の負担とされます（61条）。

(2) 弁護士を依頼した場合の弁護士報酬（弁護士費用）は訴訟費用には含まれませんが、例外的に、必要な陳述のできない当事者に裁判所が弁護士の付き添いを命じた場合には弁護士費用は訴訟費用に含まれます（155条2項）。事件の困難性その他の理由によって、裁判所が相当の範囲内で弁護士費用を損害として判決によってその費用の損害賠償を認める場合があります。

(3) 訴訟費用の負担額は、その負担の裁判が確定して強制執行ができるよ

うになった後に、当事者からの申立により第一審裁判所の書記官が定めます（71条1項）。
　当事者から第一審裁判所に「訴訟費用額確定申立書」を提出し、書記官が確認をして「訴訟費用額確定処分」として決定をします。この場合に当事者双方が訴訟費用を負担する場合には、最高裁判所規則で定める場合を除き、各当事者の負担する費用は、その対当額（等しい額）について相殺があったものとみなします（71条2項）。

(4)　書記官のした「訴訟費用額確定処分」は、相当と認める方法で告知することによって効力を生じます（71条3項）。書記官のした処分に対しては異議申立をすることができますが、処分の告知を受けた日から1週間以内にする必要があります（71条4項）。この異議申立には処分の執行停止の効力があります（71条5項）。裁判所は、書記官の処分に対する異議申立を理由があると判断した場合は、その処分を取り消して自ら訴訟費用の金額を決める必要があります（71条6項）。異議申立についての裁判所の決定に対しては即時抗告（1週間以内にする不服申立）をすることができます（71条7項）。

2　弁護士報酬は、どうなっているか

(1)　弁護士報酬は、訴訟費用には含まれませんから、弁護士を依頼した者が依頼した時の契約によって全額を支払うことになります。弁護士報酬の金額は、かつては、日本弁護士連合会や各地の弁護士会の定めた「報酬等基準規程」に従っていましたが、一律に定めることには問題があるとして、行政書士・司法書士・社会保険労務士の場合と同様に、現在は、各弁護士個人が定めることとしています。しかし、実際には、かつて使用していた「報酬等基準規程」に準じて報酬額を決めている場合も多いのです。

(2)　かつての「報酬等基準規程」では、弁護士報酬の種類は次のようになっていました。
　①　着手金　（結果の成功不成功にかかわらず、受任時に受け取る対価）

② 報酬金 （結果の成功の程度に応じて受け取る事務処理の対価）
③ 法律相談料 （依頼者の法律相談の対価）
④ 書面による鑑定料 （法律上の判断や意見の表明の対価）
⑤ 手数料 （1回程度の手続で終わる事務処理の対価）
⑥ 顧問料 （契約によって継続的に行う法律事務の対価）
⑦ 日当 （事務所所在地を離れて拘束されることの対価）

(3) かつての「報酬等基準規程」では、着手金と報酬金は、次のようになっていました。
① 着手金は、訴訟の経済的利益の額（例えば、請求額）が

300万円以下の部分	8%
300万円を超え3千万円以下の部分	5%
3千万円を超え3億円以下の部分	3%
3億円を超える部分	2%

② 報酬金は、訴訟の経済的利益の額（例えば、請求額）が

300万円以下の部分	16%
300万円を超え3千万円以下の部分	10%
3千万円を超え3億円以下の部分	6%
3億円を超える部分	4%

つまり、着手金は全体の3分の1を支払い、全部勝訴した場合には残りの3分の2を支払う仕組みです。実際には、例外規定もありましたが、標準的な金額は次例の通りとなっていました。

経済的利益の価額	着手金	報酬金
100万円	10万円	16万円
200万円	16万円	32万円
500万円	34万円	68万円
1,000万円	59万円	118万円
2,000万円	109万円	218万円
3,000万円	159万円	318万円
4,000万円	189万円	378万円

5,000万円	219万円	438万円
6,000万円	249万円	498万円
7,000万円	279万円	558万円
8,000万円	309万円	618万円
9,000万円	339万円	678万円
1億円	369万円	738万円
2億円	669万円	1,338万円

第 3 章●
訴えの提起

Q11 訴状は、どのように作成するのですか

1 訴状の作り方

(1) 訴状の作り方は、法律上は決まっていませんが、実務上は、最高裁判所の示したひな型に従ってA4サイズの用紙に横書き・片面印刷で作成しています。最高裁判所の示したひな型では、パソコンやワープロを使用して訴状その他の裁判所に提出する書類を作成する場合は、おおむね、次の書式によることとしています。

1行の文字数	37文字	上部余白	35mm
1頁の行数	26行	下部余白	27mm
文字のサイズ	12ポイント	左側余白	30mm
		右側余白	15mm

訴状を手書きで作成する場合も、各頁の上下左右におおむね上記の余白をとります。手書きの場合は、A4サイズの用紙の短辺に沿って26行程度の罫線のある片面使用の市販の用紙を使用します。訴状は、最低3部（裁判所用・被告用・原告用）は必要ですから、黒鉛筆で清書をした後、コンビニのコピー機で必要部数のコピーをします。審理の開始後に裁判所に提出する準備書面、証拠申出書その他の書面も、訴状と同様の要領で作成します。

(2) 訴状の作り方は、横書き・片面印刷で作成し、左側の2カ所をホッチキスで綴じます。2カ所の間隔は、訴状を閉じる穴をあけるので最低8センチ以上あけておきます。訴状の各頁の下部には、-1-、-2-、-3-のような頁数を付けておきます。訴状は、通常は2枚以上になりますから、各綴り目には、原告が訴状に押印する印鑑で契印（割印）をしておきます。

(3) 裁判所に提出する書類（例えば、訴状、答弁書、準備書面）の用字や用語について特に制限はありませんが、一般に常用漢字を使用して、項目を分けて分かりやすく記載します。項目を分けて記載する場合には、なるべく次の順にします。

　　　第1
　　　　1
　　　　　(1)
　　　　　　ア
　　　　　　　(ｱ)
　　　　　　　　a
　　　　　　　　　(a)

　①②③のような数字は項目番号としては用いず、複数の事項を列挙する場合に用います。

2　訴状の書式

(1) 訴状の書式も、法律上は決まっていませんが、実務上は最高裁判所の示したひな型に従って次のようにA4サイズの用紙に横書きにしています。訴状の類型は無数にありますが、基本的な書式は、次のようになっています。次の書式例は、被告のなした傷害行為により治療費と慰謝料の損害賠償請求をした事例です。

（書式例）

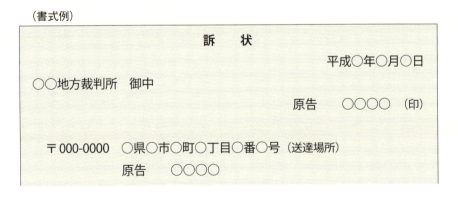

　　　　（電話番号000-000-0000）

　〒000-0000　○県○市○町○丁目○番○号
　　　　　被告　　　○○○○

損害賠償請求事件
　訴訟物の価額　　　　○○,○○○,○○○円
　貼用印紙額　　　　　○○,○○○円

第1　請求の趣旨
　1　被告は、原告に対し、○○,○○○,○○○円及びこれに対する平成○年○月○日から支払済みまで年5分の割合による金員を支払え。
　2　訴訟費用は被告の負担とする。
　3　仮執行宣言

第2　請求の原因
　1　被告は、原告に対して、平成○年○月○日午後○時○分頃、○県○市○町○丁目○番○号北側の自動車駐車場において、突然、理由も告げずに原告を駐車場に押し倒して馬乗りになり、原告の頭部、顔面及び腹部を被告の左右の握りこぶしで約20回くらい激しく殴打して暴行を加えた。その結果、被告は、原告に対し、頭部及び顔面の殴打による外傷性くも膜下出血、頸椎捻挫、硬膜下血腫の傷害を負わせた。被告の本件傷害行為は、刑法第204条（傷害罪）の犯罪構成要件に該当する不法行為である。
　2　被告は、原告に対し、上記第2の1記載の通りの暴行を加えて原告の身体を傷害し精神的損害を加えたものであるから、被告には民法上の不法行為責任がある。
　3　原告は、被告の不法行為により外傷性くも膜下出血、頸椎捻挫、硬膜下血腫の傷害及び後遺症障害を負ったが、本件訴訟提起時点までの主な経緯は次の通りである。

(1) 原告は、上記第2の1記載の傷害を受けたため、本件傷害事件の当日、救急車で○市市民病院に入院し、緊急手術を受けた。

(2) 原告は、○市市民病院で手術を受けた後、平成○年○月○日まで入院して治療を受け、同年○月○日まで通院治療を続けたが、完治せず、頭痛、体力・記憶力・気力の減退、右下肢痛、背筋痛の各後遺症が固定した。

(3) 原告は、上記第2の1記載の傷害を受けた当時は、○○建設株式会社の代表取締役社長として職務を執行していたが、本件傷害事件の後は頭痛、体力・記憶力・気力の減退、右下肢痛、背筋痛の各後遺症が固定したため、常勤の代表取締役の職務の執行が不可能となり、やむを得ず、平成○年○月○日をもって代表取締役を退任せざるを得なくなったのである。

4 原告の損害は次の通りである。

(1) 治療関係費
　　ア 治療費　　○○市市民病院　　　　○,○○○,○○○円
　　イ 付添看護費（1日○円×○日）　　○○○,○○○円
　　ウ 入院雑費（1日○円×○回）　　　○○,○○○円
　　エ 交通費（1回○円×○回）　　　　○○,○○○円
　　オ 診断書費　　　　　　　　　　　○○,○○○円

(2) 慰謝料（前記各傷害及び各後遺症による原告の肉体的苦痛及び精神的苦痛に対する慰謝料）
　　　　　　　　　　　　　　　　　　○○,○○○,○○○円

5 よって、原告は、被告に対し、不法行為に基づく損害賠償請求として、請求の趣旨記載の金員の支払いを求める。

証拠方法

1　甲第1号証　　○市市民病院の○○○○医師作成の診断書
2　甲第2号証から甲第32号証　　○市市民病院作成の治療関係費用の領収書

```
    3  甲第33号証から甲第35号証    ○市市民病院作成の付添看護費
       の領収書
    4  甲第36号証から甲第38号証    ○市市民病院作成の入院雑費の
       領収書
    5  甲第39号証      原告作成の交通費の内訳明細書
    6  甲第40号証      本件傷害事件の目撃者の陳述書

                        附属書類
    1  訴状副本              1通
    2  甲号証写し            各2通
                                                以上
```

(2) 訴状の書式は、上記の書式例の通り次の各部分から構成されています。
　① 訴状という表題
　② 訴状の作成年月日
　③ 訴状を提出する裁判所名
　④ 原告の氏名と押印
　⑤ 原告の住所・郵便番号・氏名・連絡先電話番号・送達場所
　⑥ 被告の住所・郵便番号・氏名
　⑦ 事件名（書式例のように簡潔に○○請求事件とします）
　⑧ 訴訟物の価額（原告が訴状で請求する経済的利益の額）
　⑨ 貼用印紙額（訴訟物の価額に応じた裁判の手数料の額）
　⑩ 請求の趣旨（どのような判決を求めるのかを記載します）
　⑪ 請求の原因（原告の請求を特定するのに必要な事項を記載します）
　⑫ 証拠方法（原告の提出する証拠の文書を記載します）
　⑬ 附属書類（訴状に添付する書類を記載します）

3　訴状を提出する裁判所

(1)　訴状を提出する裁判所は、原則として被告の住所地（会社のような法人は主たる事務所や営業所の所在地）を管轄する地方裁判所又は簡易裁判所となりますが、多数の特例があります。簡易裁判所は訴訟物の価額（例

えば、請求金額）が140万円以下の場合に限られ、140万円を超える場合は地方裁判所の管轄とされます（裁判所法33条）。簡易裁判所の管轄であっても、裁判官が相当と認める場合は職権で地方裁判所に移送することができます（18条）。

　裁判所の管轄には次例のような多数の特例があります（5条）。特例に該当して複数の裁判所の管轄となる場合は、原告が有利と考える裁判所に訴状を提出します。

① 損害賠償請求や貸金返還請求のような経済的利益を内容とする権利（財産権）に関する訴えは、義務を履行する場所（義務履行地）を管轄する裁判所にも提起することができます。義務履行地について契約のない場合は債権者の現在の住所が義務履行地とされますから（民法484条）、金銭の支払いを求める訴訟は、原告の住所地の裁判所にも提起することができます。

② 不法行為（民法709条に規定する故意又は過失により他人の権利を侵害する行為）に関する訴えは、不法行為があった場所を管轄する裁判所にも提起することができます。例えば、交通事故の被害者が加害者に対し損害賠償請求をする場合は、交通事故のあった場所を管轄する裁判所にも提起することができます。

③ 不動産（土地や建物）に関する訴えは、その不動産の所在場所を管轄する裁判所にも提起することができます。不動産に関する訴えには、例えば、土地所有権に基づく土地明渡請求訴訟、境界確定の訴え、共有土地の分割の訴えがあります。

④ 事務所や営業所を有する者に対する訴えでその事務所又は営業所における業務に関する訴えは、その事務所や営業所の所在場所を管轄する裁判所にも提起することができます。この場合の事務所や営業所を有する者には、自然人（人間のこと）のほか、会社のような法人、自治体、国も含みます。

⑤ 相続権や遺留分（相続人に法律上確保される最低限度の分け前）に関する訴えは、死亡時の被相続人（死亡した人）の住所地を管轄する裁判所にも提起することができます。遺贈（遺言による遺産の贈与）その他の死亡により効力を生ずる行為に関する訴えの場合も同じです。

⑥　手形や小切手による金銭の支払いの請求を目的とする訴えは、手形や小切手の支払地を管轄する裁判所にも提起することができます。

(2)　裁判所の管轄には次の規定があります。
　①　当事者（原告と被告）は、第一審に限り、書面による合意によって管轄裁判所を定めることができます（11条1項）。例えば、A会社とB会社との契約書に紛争が生じた場合は、A会社の本店所在地を管轄する地方裁判所を第一審の裁判所とすることを合意した場合です。これを合意管轄といいます。ただし、法律で特定の裁判所にのみ専属的に管轄を認めている場合（例えば、専属管轄とされる特許権等の知的財産権訴訟）には、合意管轄は許されません。
　②　被告が第一審裁判所において管轄違いである旨の主張をせずに、原告の主張する権利に関して反論したり証拠を出したり又は弁論準備手続で主張をした場合には、その裁判所が管轄権を有することになります（12条）。これを応訴管轄といいます。
　③　簡易裁判所は、訴訟がその管轄に属する場合でも、相当と認める場合は、当事者からの申立により又は裁判所の職権で、訴訟の全部又は一部を地方裁判所に移送することができます（18条）。
　④　第一審裁判所は、訴訟がその管轄に属する場合でも、当事者や尋問を受ける証人の住所、使用すべき検証物の所在地その他の事情を考慮して、訴訟の著しい遅滞を避け、又は当事者間の衡平を図るため必要があると認める場合は、当事者の申立により又は裁判所の職権で、訴訟の全部又は一部を他の管轄裁判所に移送することができます（17条）。

(3)　訴状を提出することのできる裁判所について、①同一人に対し複数の訴訟を提起する場合や、②数人に対して一つの訴状で提起する場合の規定があります。
　①　同一人に対して複数の請求をする場合（例えば、同一人に何回も金を貸した場合の返還請求）は、同種の訴訟手続による場合に限り、一つの訴え（一つの訴状）ですることができます（136条）。これを請求の併合

といいます。

　例えば、同一人に対して貸金返還請求と商品代金返還請求をする場合は、別々に訴えの提起をすることができますが、一つの訴状で訴えを提起することもできます。この場合の事件名は「貸金返還等請求事件」とし、訴訟物の価額は合計金額を記載します。「同種の訴訟手続による場合」に限られますから、例えば、貸金返還請求と離婚の訴えのような訴訟手続が異なる場合は請求の併合はできません。

② 数人に対して一つの訴状で提起することができる場合は次の通りで、これを共同訴訟といいます（38条）。

　(a) 訴訟の目的である権利又は義務が数人について共通である場合には、その数人は共同訴訟人として訴え、又は訴えられることができます。例えば、連帯保証人が数人いる場合は、原告は、各人に全額の請求をすることができますから、全員を被告として一つの訴状で訴えを提起することができます。

　(b) 数人に対する請求が同一の事実上及び法律上の原因に基づく場合には、その数人は共同訴訟人として訴え、又は訴えられることができます。例えば、会社の従業員が職務中の交通事故で他人に傷害を加えた場合には、被害者は、運転者の従業員と使用者である会社の両者を被告として損害賠償請求訴訟を提起することができます。

4　当事者（原告と被告）の表示

(1) 当事者とは、訴えを提起する原告と、その相手方の被告をいいます。当事者が個人（自然人）の場合は次の事項を表示します。

　① 原告は、氏名・住所・郵便番号・電話番号・送達場所を記載します。送達とは、法定の方法によって訴訟関係書類を交付することをいいますが、多くは「特別送達」という書留郵便によることになりますので、住所が送達場所となる場合は、住所の後に（送達場所）と表示します。FAXも使用したい場合はFAX番号も記載します。

　② 被告は、氏名・住所・郵便番号を記載します。電話番号の記載は不要です。

(2) 当事者が会社その他の法人の場合は、次例のような表示をします。原告の場合は送達場所の表示も必要です。
　① 株式会社が原告となる場合
　　　〒000-0000　○県○市○町○丁目○番○号（送達場所）
　　　　　原告　　　○○株式会社
　　　　　　　　　　代表者代表取締役　　　○○○○
　② 会社以外の法人が被告となる場合
　　ア　〒000-0000　○県○市○町○丁目○番○号
　　　　　　　被告　　　一般財団法人　○○芸術財団
　　　　　　　　　　　　上記代表者代表理事　　　○○○○
　　イ　〒000-0000　○県○市○町○丁目○番○号
　　　　　　　被告　　　○○土地改良区
　　　　　　　　　　　　上記代表者理事長　　　○○○○
　　ウ　〒000-0000　○県○市○町○丁目○番○号
　　　　　　　被告　　　○○漁業協同組合
　　　　　　　　　　　　上記代表者代表理事　　　○○○○
　　エ　〒000-0000　○県○市○町○丁目○番○号
　　　　　　　被告　　　○○県
　　　　　　　　　　　　上記代表者知事　　　○○○○
　　オ　　　　　　　被告　　国　　　（住所不要）
　　　　　　　　　　　　上記代表者法務大臣　　　○○○○

　公務員の公務上の不法行為（違法行為）を原因として国家賠償法によって損害賠償請求訴訟を提起する場合は、公務員個人を被告とすることはできないので、自治体（都道府県や市町村）や国を被告とします。

5 事件名、訴訟物の価額、貼用印紙額、郵便切手の予納
(1) 事件名の表示の仕方は決まっていませんが、実務では次のように「○○請求事件」と簡潔に表示します。複数の請求をする場合は「○○等請求事件」と表示します。

（表示例）
　損害賠償請求事件、貸金返還請求事件、売買代金返還請求事件、土地明渡請求事件、建物明渡請求事件、土地明渡等請求事件、家屋収去土地明渡請求事件、土地建物所有権確認等請求事件、境界確定請求事件、共有物分割請求事件、通行権確認請求事件、賃料確認請求事件、建物賃借権確認請求事件、売掛代金請求事件、国家賠償請求事件

(2)　訴訟物の価額（訴額）には、原告が訴えで主張する経済的利益の額を記載します。訴訟物とは、審判の対象（申立事項）をいいます。例えば、貸金返還請求訴訟では、返還請求額が訴額となります。貸金返還請求、売買代金返還請求、売掛代金請求のような金銭の支払請求では請求金額が訴額となりますが、財産権上の請求でない場合（例えば、知事に対する公文書公開請求が非公開処分とされた場合の処分の取消訴訟）の訴額は、「民事訴訟費用等に関する法律」4条2項により160万円とみなされます。訴訟物の価額が分からない場合は、原告の住所地の裁判所の訴状受付係で確認します。

(3)　貼用印紙額は、訴訟物の価額（訴額）に応じた裁判の手数料額を記載します。貼用印紙額の例を示すと次のようになっています。貼用印紙額が分からない場合は、原告の住所地の裁判所の訴状受付係で確認します。

（貼用印紙額の例）

訴訟物の価額	貼用印紙額	訴訟物の価額	貼用印紙額
10万円	1,000円	220万円	16,000円
30万円	3,000円	260万円	18,000円
50万円	5,000円	300万円	20,000円
100万円	10,000円	800万円	42,000円
160万円	13,000円	3,000万円	110,000円
200万円	15,000円	1億円	320,000円

　この収入印紙は、訴状に貼らずに訴状とともに裁判所の訴状受付係に提出します。訴状受付係が訴状に貼付して消印をします。原告が収入印紙に消印をしてはなりません。

(4) 訴状には記載しませんが、訴状の提出時に訴状受付係の指定する種類の郵便切手を予納する必要があります。被告が一人の場合には約7千円程度ですが、被告の数や裁判所によって切手の種類や枚数が異なりますから、訴状受付係で確認します。

郵便切手は、訴状その他の訴訟関係書類の送達に使用しますが、余った場合は判決後に返還されます。足りなくなった場合は追加して予納します。裁判所によっては現金で郵便料を予納する場合がありますから、事前に訴状受付係で確認しておきます。

6 請求の趣旨と請求の原因

(1) 「請求の趣旨」には、原告が、その訴えでどのような内容の判決を求めるのかを記載します。一般に原告が勝訴した場合の判決の主文に対応する文言が記載されます。訴えの結論部分で、例えば、次のような記載例があります。

① 損害賠償請求事件その他の金銭支払請求の記載例

> 1 被告は、原告に対し、金○○○万円及びこれに対する平成○年○月○日から支払済みまで年5分の割合による金員を支払え。
> 2 訴訟費用は、被告の負担とする。
> 3 仮執行宣言

(a) 上記の請求の趣旨の中の請求金額は、二つ以上の請求を同時にする場合には合算をします。遅延損害金（遅延利息）の起算点は交通事故の発生のような明確な場合は事故発生日としますが、起算点が不明の場合には「金○○○万円及びこれに対する本件訴状送達の翌日から支払済みまで年5分の割合による金員を支払え」のように記載する場合もあります。

遅延損害金は、商取引上の商事法定利率は年6分とされていますが（商法514条）、一般の民事法定利率は年5分とされています（民法404条）。ただし、被告との間で遅延損害金の利率を契約している場合には、契約した利率によります。

(b) 上記の請求の趣旨の中の訴訟費用とは、裁判所費用（例えば、訴状の収入印紙代、証人の旅費日当）と当事者費用（例えば、当事者の交通費、書類作成費用）をいいます。弁護士報酬は含まれません。訴訟費用は原則として敗訴者が負担します（61条）。

(c) 上記の請求の趣旨の中の仮執行宣言とは、判決が確定する前に強制執行をすることができる効力を与える裁判をいいます。判決は、本来、判決の確定によって強制執行をすることができる効力が生ずるのが原則ですが、相手方の上訴によって判決の確定が引き延ばされることによる勝訴者の不利益を考慮して仮執行宣言が付される場合があります。例えば、「この判決は、仮に執行することができる」とか「この判決は、第〇項に限り、仮に執行することができる」のように付される場合があります。

② 建物明渡請求事件の場合の記載例

> 1　被告は、原告に対し、別紙物件目録記載の建物を引き渡せ。
> 2　被告は、原告に対し、平成〇年〇月〇日から明渡し済みまで1カ月30万円の割合による金員を支払え。
> 3　訴訟費用は、被告の負担とする。
> 4　仮執行宣言

③ 解雇無効確認等請求事件の場合の記載例

> 1　原告が被告に対し、労働契約上の権利を有することを確認する。
> 2　被告は、原告に対し、金700万円及び平成〇年〇月〇日以降本判決確定に至るまで毎月25日限り金30万円を支払え。
> 3　訴訟費用は、被告の負担とする。
> 4　第2項について仮執行宣言

　請求の趣旨は民事訴訟の類型に対応するように記載します。民事訴訟の類型には、次の通り、①給付訴訟（給付の訴え）、②確認訴訟（確認の訴え）、③形成訴訟（形成の訴え）があります。

① **給付訴訟**とは、例えば、被告に金銭の支払いを求めたり、不動産の明渡しを求めたり、出版の差し止めを求めたり、謝罪広告の掲載を求めるような被告に一定の作為又は不作為を求める訴訟をいいます。請求の趣旨の例としては、「1　被告は、原告に対し、金〇〇〇万円及びこれに対する平成〇年〇月〇日から支払済みまで年5分の割合による金員を支払え。2　訴訟費用は被告の負担とする。」があります。

② **確認訴訟**とは、例えば、不動産の所有権が原告にあることの確認を求めたり、原告に対する解雇が無効であることの確認を求めたり、原告に債務のないことの確認を求めたりするような訴訟をいいます。請求の趣旨の例としては、「1　原告が、別紙物件目録記載の建物につき所有権を有することを確認する。2　訴訟費用は被告の負担とする。」があります。

③ **形成訴訟**とは、判決によって新しい法律関係を形成する（作り出す）訴訟をいいます。例えば、「原告と被告とを**離婚**する」という形成判決（離婚判決）によって**離婚**という新しい法律関係が形成されるのです。請求の趣旨の例として「1　原告と被告とを**離婚**する。2　原告と被告間の長女Ａ子（平成〇年〇月〇日生）の親権者を原告とする。3　被告は、原告に対し、金〇〇万円及び本判決確定の日の翌日から支払済みまで年5分の割合による金員を支払え。4　訴訟費用は被告の負担とする。」があります。

(2)　「請求の原因」には、原告の請求を特定するのに必要な事実を記載します。これによって審判の対象（申立事項の範囲）が明確になります。例えば、金銭の支払請求では、損害賠償請求でも貸金返還請求でも「被告は、原告に対し、金〇〇〇万円を支払え」という請求の趣旨になっていますが、その金銭の性質や内容を請求の原因に具体的に記載します。

　請求の原因は、他の請求と混同誤認しない限度で記載すれば足ります。請求を理由付ける事実も訴状に記載することとされていますが、必要的記載事項（必ず記載する必要がある事項）ではないので、口頭弁論において適時に提出することもできます（156条）。

(3) 「請求の趣旨」と「請求の原因」は、訴状の必要的記載事項とされています（133条2項）。訴状の記載事項として、訴状には、①請求の趣旨と、②請求の原因（請求を特定するのに必要な事実）を記載するほか、③請求を理由付ける事実（主要事実）を具体的に記載し、かつ、④立証を要する事由（立証を要すると予想される争点）ごとにその事実に関連する事実（間接事実）で重要なものと、⑤証拠方法（例えば、証拠の文書）を記載する必要があります（規則53条1項）。

① 上記の「主要事実」とは、権利の発生・変更・消滅という法律効果を判断するのに直接必要な事実をいいます。例えば、AのBに対する貸金返還請求訴訟でAの貸金債権の発生が認められるためには、AB間に返還約束のあった事実と、金銭の授受があった事実の二つの主要事実を証明する必要があります。

② 上記の「間接事実」とは、主要事実の存否が争われている場合に、経験上、主要事実の存否を推認させるのに役立つ事実をいいます。例えば、AのBに対する貸金返還請求訴訟で「Bは金策に窮していたのにAの主張する貸し付け日時から急に金回りが良くなった」という事実はAの主張を裏付ける間接事実となります。

(4) 訴状に事実についての主張を記載する場合には、できる限り、①請求を理由付ける事実（主要事実）についての主張と、②その事実に関連する事実（間接事実）についての主張とを区別して記載する必要があります（規則53条2項）。

7 証拠方法

(1) 証拠方法とは、裁判官が事実を認定するための資料として取り調べることができる次の①物的証拠（2種類の物証）と②人的証拠（3種類の人証）をいいます。

① 物的証拠には、(a)文書（書証といいます）、(b)その他の物（検証物）があります。

② 人的証拠には、(c)証人、(d)当事者本人、(e)鑑定人があります。
文書でない図面、写真、録音テープ、ビデオテープその他の情報を表

すために作成された物件については、文書（書証）に準ずるものとして文書の規定が準用されます（231条）。

(2) 原告の提出する書証（証拠の文書）のことを「甲号証」といい、被告の提出する書証のことを「乙号証」といいます。訴状に添付して提出する甲号証の写し（コピー）には、甲第1号証、甲第2号証のような一連番号を赤鉛筆で記載します。一連番号を記載する位置は、横書きの文書では右上隅、縦書きの文書では左上隅とします。

(3) 訴状に添付する甲号証は、書証の原本の写し（コピー）を添付します。書証の原本は法廷において裁判官や相手方から提示を求められた場合に法廷で提示をしますから、書証を提出した後の口頭弁論期日には書証の原本を法廷に持参します。
　この場合の原本とは、書証の写し（コピー）として提出する文書の元の文書のことをいいますから、原本がコピーの場合もあります。例えば、契約書の原本にも、①契約当事者が朱肉を用いて押印をした原本を所持する場合と、②その契約書の写し（コピー）しか所持していない場合とがあります。写ししか所持していない場合は、その写しが原本となります。自治体の情報公開条例により開示された公文書の写しを書証とする場合も、その写しのコピーを提出することになります。

(4) 本の一部を書証とする場合（例えば、900頁の医学書の501頁から515頁までを書証とする場合）は、①表紙、②必要な頁、③奥付（発行年月日、著者名、発行所を記載している部分）の三つの部分に枝番号を付けた一連番号を記載します。例えば、甲第8号証の1、甲第8号証の2、甲第8号証の3のように赤鉛筆で記載します。枝番号を付する例としては、手紙とその手紙の入っていた封筒を書証として提出する場合があります。

8　附属書類

(1) 附属書類とは、訴状に添付して裁判所に提出する書類をいいます。附属書類は、訴状に添付して提出しますから、訴状とは別にしてクリップ

でとめて提出します。

　訴状の附属書類の表示は、被告が一人の場合は、①訴状の副本1通、②甲号証写し各2通となります。裁判所に提出する訴状は、裁判所用（正本）1通、被告用（副本）各1通となりますから、被告が複数の場合は甲号証も裁判所用写し1通のほか、被告の数の写しを提出します。

(2)　訴状も甲号証写しも原告の控えを作成しておきます。訴状を裁判所に提出する場合には原告の控えも同時に提出して裁判所の受付印を押印してもらいます。訴状の受付後、裁判所から事件番号を聴いて訴状の控えに書いて帰ります。事件番号は、地方裁判所の通常の民事訴訟事件では「平成○年（ワ）第○○○号」のようになります。

Q12 訴状を提出した後は、どのように処理されるのですか

1 訴状の提出

(1) 訴状の提出は、訴状に記載した裁判所の訴状受付係（民事受付）に訴状の正本・副本と甲号証の写しを提出しますが、原告の訴状控えを持参すると裁判所の受付印がもらえます。裁判所に持参するものは次の通りですが、郵便切手の種類と枚数は事前に電話で訴状受付係に確認しておきます。

① 訴状の正本（裁判所用）　　　　　1通
② 訴状の副本（被告用）　　　　　被告の数
③ 附属書類　　　　裁判所用1通＋被告の数
④ 原告の訴状控えと附属書類写し　　　各1通
⑤ 訴状に貼付する収入印紙（消印をしないで手渡す）　　　1組
⑥ 訴状受付係の指定した種類の郵便切手　　　指定された枚数
⑦ 訴状に押印した印鑑（認め印でよい）

(2) 訴状を裁判所の訴状受付係に提出した際に訴状に形式的な不備があった場合（例えば、原告の押印のない場合、収入印紙が不足している場合）は、訴状受付係の書記官から補正を求められますが、不備だと思った場合はその場で補正をします。

2 訴状の審査と被告への送達

(1) 訴状を受け付けた書記官は、訴状に受付印を押印して事件簿に記載し事件番号を付して裁判所の事務分配の定めに従い、特定の裁判官又は合議体（3人の裁判官で構成）の裁判長に回付します。

　　回付を受けた裁判官又は合議体の裁判長は、訴状の必要的記載事項（当事者、請求の趣旨、請求の原因の記載）や収入印紙に不備がないか等を

審査し、不備があれば相当の期間内に補正すべきことを命じます。期間内に補正されない場合は、命令（裁判官の裁判の一種）で訴状を却下します。この却下に対しては不服申立（即時抗告）ができます。

(2)　裁判官又は合議体の裁判長は、訴状が適法であると認めた場合は、書記官に訴状の副本を被告に送達させます。送達とは、当事者その他の関係人に対し訴訟上の書類の内容を知らせる通知行為をいいます。送達の方法には、①原則としての交付送達（名宛人に書類を交付する方法）のほか、②交付送達のできない場合の書留郵便で発送する方法、③他の送達方法によることのできない場合の公示送達（裁判所の掲示場に掲示する方法）があります。②と③の方法は、交付できなくても送達の効力を発生させるための方法です。通常は、①の交付送達の方法のうち郵便の方法による特別送達によります。

　被告に訴状が送達された時点で「訴訟係属」の状態となり、訴訟係属によって同一事件について更に訴えを提起することができない二重起訴の禁止の効果が発生します。

(3)　訴えの提起があった場合は、裁判官又は合議体の裁判長は、速やかに第1回口頭弁論期日（公開の法廷で審理をする日時）を指定して、その期日に裁判所に出頭するように各当事者（原告と被告）を呼び出す必要があります。最初の口頭弁論期日は、特別の事由がある場合を除いて、訴えが提起された日から30日以内の日に指定する必要があります（規則60条）。

3　訴状提出後に訴状の誤りを発見した場合

(1)　訴状提出後の被告に訴状が送達される前に訴状の誤りを発見した場合は、書記官に連絡をして訂正印（訴状に押印した原告の印鑑）だけで訂正できるかどうかを確認します。訂正印だけで訂正できると言われた場合は、裁判所に訂正印を持参して訂正をします。

(2)　訴状が被告に送達された後、訂正印だけでは訂正することができない場合には、次例のような「訴状訂正申立書」を提出します。提出通数は、

訴状の場合と同じです。

(書式例)

平成○年(ワ)第○○○号　損害賠償請求事件
原告　　○○○○
被告　　○○○○

訴状訂正申立書

　　　　　　　　　　　　　　　　　　　　平成○年○月○日

○○地方裁判所　御中

　　　　　　　　　　　　　　　　原告　　○○○○　(印)

頭書事件について、原告は、下記の通り訴状を訂正する。

記

1　請求の趣旨第2項中の「530万円」とあるのを「520万円」と訂正する。
2　請求の原因第3項中の「平成○年8月7日付け」とあるのを「平成○年8月6日付け」と訂正する。
　いずれも誤記によるものである。

　　　　　　　　　　　　　　　　　　　　　　　　　　　以上

　請求の趣旨の請求額(訴訟物の価額)を増額した場合は、訴状の収入印紙額(裁判の手数料)が増額になる場合があります。

Q13 第１回口頭弁論期日の呼び出しは、どのように行われるのですか

1　第１回口頭弁論期日の呼出状と答弁書の提出

(1)　第１回口頭弁論期日が決まると裁判所から原告には次例のような期日呼出状が送達されます。第２回以降の口頭弁論期日は各期日ごとに次回の期日を裁判所が各当事者の都合を聴いて指定しますから呼出状は送達されません。

（書式例）

事件番号　平成○年（ワ）第○○○号
損害賠償請求事件
原告　　○○○○
被告　　○○○○

　　　　　　　　　　期日呼出状
　　　　　　　　　　　　　　　　　　平成○年○月○日
原告　　○○○○　殿
　　　　　　　　　　○○地方裁判所民事部合議係
　　　　　　　　　　裁判所書記官　　○○○○　（書記官印）
　　　　　　　　　　　　　電話番号　000-000-0000
　　　　　　　　　　　　　FAX番号　000-000-0000

頭書の事件について、当裁判所に出頭する日時及び場所は下記の通り定められましたから、同期日に出頭してください。
　　　　　　　　　　　　　記
期日　　平成○年○月○日午後１時30分
　　　　口頭弁論期日
場所　　○○地方裁判所４階　　第２号法廷

(出頭の際には、この呼出状を上記の場所で示してください)

以上

(2) 被告に対しては、裁判所から、①訴状の副本、②第1回口頭弁論期日の呼出状、③答弁書の提出期限通知書が送達されます。答弁書とは、訴状に記載された原告の申立に対して、被告がする最初の応答を記載した準備書面（自分の主張を書いた書面）をいいます。

2 第1回口頭弁論期日の特例

(1) 原告又は被告のどちらか一方が第1回口頭弁論期日に欠席し、又は出頭しても事件の内容について何も述べない場合には、裁判所は、①原告が欠席した場合は訴状に記載した事項を陳述（口頭で述べること）したものとみなし、②被告が欠席した場合は答弁書その他の準備書面に記載した事項を陳述したものとみなすこととしています（158条）。このことを「陳述の擬制」といいます。陳述の擬制（陳述したものとみなすこと）をしないと訴訟を進めることができないからで、第1回口頭弁論期日までに提出された訴状、答弁書その他の準備書面を陳述したものとみなすことによって、出頭した当事者に弁論（主張し立証すること）をさせることができるとしているのです。

(2) この陳述の擬制の特例が適用されるのは、原告又は被告のいずれか一方の当事者が欠席した場合に限られますから、双方の当事者が欠席した場合には、この特例は適用されません。双方の当事者が欠席した場合は、1カ月以内に口頭弁論期日の指定の申立をしないと訴えを取り下げたものとみなされます（263条）。

(3) 第1回口頭弁論期日に被告が答弁書を提出せずに欠席した場合は、原告が訴状を陳述すると、被告は原告の主張を争っていないものとして原告勝訴の判決がなされることになります。当事者が口頭弁論において相手方の主張した事実を争うことを明らかにしない場合には、その事実を

自白したものとみなしますから（159条）、被告が答弁書を提出せずに欠席した場合は、欠席したままで被告の敗訴の判決が言い渡されることになり、これを欠席判決ということがあります。

　自白とは、自分に不利益な事実を真実と認めることをいいますが、欠席判決の場合は被告が自白したものとみなしているのです。このことを擬制自白といいます。この場合の欠席判決は、判決書の原本に基づかずに言い渡すこともできます（254条）。しかし、訴状記載の請求金額の妥当性その他の事項の判断を要する場合は、判決の言渡し期日を指定して判決書の原本に基づいて言渡しをします（252条）。

3　被告からの移送の申立

(1)　原告が訴状を提出することのできる裁判所が複数ある場合には、原告は自分に都合のよい裁判所に訴状を提出することになりますが、その裁判所で審理をすると、①訴訟の進行が著しく遅滞したり、②当事者間の衡平に反する場合には、第一審裁判所は、被告からの申立により又は裁判所の職権で他の裁判所に移送することができます（17条）。

(2)　民事訴訟法17条の「訴訟の著しい遅滞を避け、又は当事者間の衡平を図るため必要があると認めるとき」の移送のほかに、簡易裁判所での裁量移送の制度があります（18条）。簡易裁判所は、訴訟がその管轄に属する場合においても、相当と認める場合は、当事者からの申立により又は裁判所の職権によって、訴訟の全部又は一部をその所在地を管轄する地方裁判所に移送することができます。

Q14 訴えの変更、訴えの取り下げ、訴えの却下とは、どういうことですか

1 訴えの変更とは

(1) 訴えの変更とは、訴訟係属中に訴状の請求の趣旨や請求の原因を変更することによって申立事項（審判の対象＝訴訟物）を変更することをいいます。訴えの変更を認めない場合には、原告は常に別の訴えを提起する必要があることになり、審理が重複して訴訟経済にも反することになるので、法律の要件を満たした場合には変更を認めることとしています。

訴えの変更が認められる要件は、次の通りです（143条）。

① 請求の基礎に変更がないこと（訴状に書いた基本的事実関係と同じ範囲内であること）
② 著しく訴訟手続を遅滞させないこと
③ 事実審（一審と二審）の口頭弁論終結の前であること
④ 訴えの併合（一つの訴えで数個の請求ができる場合）の要件を満たすこと

ただ、判例は、請求の基礎の同一性について、被告が同意した場合は、請求の基礎の同一性がなくても訴えの変更ができるとしています。

(2) 訴えの変更の申立は、書面によって行う必要があります（143条2項）。判例は、請求の趣旨の変更は「訴え変更申立書」の書面による必要があるが、請求の原因は書面による必要はないとしています。

訴え変更申立書の書式例は、次の通りです。この書式例は、売掛金600万円の支払請求訴訟中にその後の売掛金300万円を追加して請求する例です。請求額を増額して訴状の貼用印紙額が変更になる場合は、その差額の収入印紙をこの申立書に貼付して納付します。この収入印紙に消印をしてはなりません。提出通数は、訴状の場合は同じです。

（書式例）

```
平成○年（ワ）第○○○号　損害賠償請求事件
原告　○○○○
被告　○○○○
```

訴え変更申立書

平成○年○月○日

○○地方裁判所　御中

原告　○○○○　（印）

頭書事件について、原告は、下記の通り請求の趣旨を追加的に変更する。

記

第1　請求の趣旨の変更
　1　被告は、原告に対し、金900万円及び内金600万円に対する平成○年○月○日から、内金300万円に対する平成○年○月○日から、各完済に至るまで年6分の割合による金員を支払え。
　2　訴訟費用は被告の負担とする。
　3　仮執行宣言

第2　請求の原因の追加
　　被告は、訴状記載の通り金600万円の本件機械部品代金債務を負うものであるところ、平成○年○月○日に更に同部品30個を代金300万円、支払期限同月末日の約束で原告から買い受けたにもかかわらず、支払期限を経過するもその支払いをしない。よって、請求の趣旨変更の申立に及んだ。

第3　証拠方法
　1　甲第9号証の1　　注文書　　1通
　2　甲第9号証の2　　納品受領証　　1通

以上

2　訴えの取下げとは

(1)　訴えの取下げとは、裁判所に対して審判の申立を撤回する原告の意思表示をいいます（261条）。実務では、裁判外で被告との間に和解（互いに譲歩して争いを止める契約）が成立した場合や被告が債務を履行したよ

うな場合に訴えの取下げがなされます。

　原告は、終局判決（その審級の審理を完結させる判決）が確定するまでは、訴えの全部又は一部を取り下げることができますが、被告が原告の主張を争う準備書面を提出したり口頭弁論をした後は、被告の同意がなければ、取下げの効力は生じません（261条2項）。

(2)　訴えの取下げは、訴訟の係属する裁判所に「訴えの取下げ書」を提出する必要がありますが、口頭弁論期日、弁論準備手続期日、和解期日においては口頭ですることができます（261条3項）。訴えの取下げの書面の送達を受けた日から2週間以内に相手方の被告が異議を述べない場合には訴えの取下げに同意したものとみなされます（261条5項）。

　「訴えの取下書」と「訴え取下げの同意書」の書式例は次の通りです。

（書式例）

```
平成○年（ワ）第○○○号　損害賠償請求事件
原告　○○○○
被告　○○○○
                訴えの取下書
                                        平成○年○月○日
○○地方裁判所　御中
                                原告　○○○○　（印）
頭書事件について、原告は、本件訴えの全部を取り下げる
                                                以上
```

（書式例）

```
平成○年（ワ）第○○○号　損害賠償請求事件
原告　○○○○
被告　○○○○
              訴え取下げの同意書
                                        平成○年○月○日
○○地方裁判所　御中
                                被告　○○○○　（印）
```

Q14　●訴えの変更、訴えの取り下げ、訴えの却下とは、どういうことですか

> 頭書事件について、被告は、原告の訴えの取下げに同意する。
>
> 　　　　　　　　　　　　　　　　　　　　　　　　　　以上

3　訴えの却下とは

(1)　訴えの却下とは、訴えに判決をするために必要な要件（訴訟要件）が欠けている場合に、原告の請求が妥当か否かを判断しないまま、終局判決や決定（口頭弁論をせずにできる裁判所の裁判）で却下（門前払い）をすることをいいます。

　訴訟要件とは、裁判所が原告の請求の当否についての判決（本案判決）をするために必要な要件をいいます。例えば、その裁判所が管轄権を持つこと、各当事者が実在すること、各当事者が当事者能力を有すること、訴状の送達が有効になされていること、同一事件について他に訴訟係属のないことがあります。

(2)　訴状を審査した裁判官が訴状の必要的記載事項（各当事者、請求の趣旨、請求の原因の記載）や収入印紙その他の不備について原告に対して補正命令をしたのに原告が応じない場合には、訴状を却下しますが、この場合の却下は、訴状を受理できないという趣旨であって、訴えの却下とは異なります。

　本案判決（原告の請求の当否についての判決）をするために必要な訴訟要件が欠けているために裁判所が本案の審理に入らないで下す訴えの却下の判決を「訴訟判決」といいます。これに対して、裁判所が本案の審理に入って判断した結果として下す判決を「本案判決」といいます。本案判決には、①原告の請求を認める請求認容判決と②原告の請求を認めない請求棄却判決があります。

　終局判決は、(a)訴訟判決（訴え却下の判決）と(b)本案判決に分かれます。
　本案判決は、(c)請求認容判決と(d)請求棄却判決に分かれます。

Q15 反訴、和解とは、どういうことですか

1 反訴とは

(1) 反訴とは、訴訟（本訴）の係属中に、被告がその訴訟手続を利用して原告に対して提起する訴えをいいます（146条）。被告は、反訴によるか、別の訴えによるかを原則として自由に選択することができます。原告には、①訴えの客観的併合（一つの訴訟による複数の請求）や②訴えの変更が認められるのに対して、被告にも反訴を認めることが公平であり審理の重複や判断の矛盾を回避することができるので、法律の要件を満たした場合には反訴を認めているのです。

反訴が認められる要件は、次の通りです（146条）。

① 反訴の請求が本訴の請求又は防御方法（被告の主張や証拠の提出）と関連すること（関連性）
② 反訴により著しく訴訟手続を遅延させないこと
③ 本訴が事実審（二審まで）の口頭弁論終結の前であること
④ 反訴請求が本訴請求と同じ訴訟手続で審理できる請求であること
⑤ 反訴の目的の請求が他の裁判所の専属管轄に属さないこと

(2) 被告が反訴を提起するには、訴状の場合と同様の「反訴状」を本訴の係属している裁判所に提出します。反訴状には訴状の必要的記載事項（当事者、請求の趣旨、請求の原因）のほか、どの本訴に対するものかが分かるように記載します。反訴の審理は本訴と併合してなされ、反訴の手続も本訴に関する規定によって処理されます。反訴の要件を満たさない場合は判決で却下されます。

反訴状の作り方も訴状の場合と同じで、書式例は次の通りです。裁判所への提出通数は、訴状の場合と同じです。

(書式例)

平成○年（ワ）第○○○号　損害賠償請求事件
反訴原告（本訴被告）　○○○○
反訴被告（本訴原告）　○○○○

反　訴　状

平成○年○月○日

○○地方裁判所　御中

反訴原告（本訴被告）　　○○○○　（印）

損害賠償請求反訴事件
　訴訟物の価額　　金○○○万○○○○円
　貼用印紙額　　　金○万○○○○円

頭書事件について、本訴被告は、下記の通り反訴を提起する。
記

第1　請求の趣旨
　1　反訴被告（本訴原告）は、反訴原告（本訴被告）に対し、金○○○万○○○○円及びこれに対する平成○年○月○日から支払済みまで年5分の割合による金員を支払え。
　2　訴訟費用は、反訴被告の負担とする。
　3　仮執行宣言

第2　請求の原因
　（省略）　（Q11の訴状の場合と同様に記載する）

証拠方法

　（省略）　（Q11の訴状の場合と同様に記載する）

附属書類

　（省略）　（Q11の訴状の場合と同様に記載する）

以上

2 和解とは

(1) 和解とは、訴訟係属中に当事者が互いに譲歩をすることによって訴訟を終了させる合意をすることをいいます（89条）。この合意が調書（和解調書）に記載されると確定判決と同一の効力が認められます（267条）。この場合の和解を「訴訟上の和解」いい、口頭弁論期日、準備的口頭弁論期日、弁論準備手続期日又は和解期日において当事者双方が口頭で陳述することによって成立します。

　各当事者は、どの期日でも和解を希望する旨の陳述をすることができますが、相手方は、和解協議に応じるかどうかは自由ですから、和解協議に応じる意思のない場合には、その旨を口頭又は準備書面で明確にしておく必要があります。そうしないと無駄な時間を過ごすことになります。訴訟上の和解は、裁判所の関与しない民法上の和解契約（民法695条）とは異なります。

(2) 裁判所は、訴訟の係属中いつでも和解を試みることができますが、その場合には受命裁判官（裁判長の指示により合議体を代表して訴訟行為をする裁判官）又は受託裁判官（依頼を受けた他の裁判所の裁判官）に和解を試みさせることができます。

　和解を試みる時期は、事件の内容によって異なりますが、主として、①事実関係に争いのない場合は第1回口頭弁論期日の終わった時期、②口頭弁論手続や弁論準備手続で争点整理の進んだ時期、③証拠調べの終わった時期があります。しかし、口頭弁論の終結後でも弁論の再開をすることなく和解期日を定めることもできますし、控訴審や上告審でも和解をすることができます。

(3) 当事者が遠隔地に居住していることその他の事由により期日に出頭することが困難であると認められる場合において、その当事者があらかじめ裁判所又は受命裁判官若しくは受託裁判官から提示された和解条項案を受諾する旨の書面を提出し、他の当事者が口頭弁論等の期日に出頭してその和解条項案を受諾した場合は、当事者間に和解が調ったものとみ

なされます(264条)。

(4) 裁判所又は受命裁判官若しくは受託裁判官は、当事者の共同の申立がある場合は、事件の解決のために適当な和解条項を定めることができます。この申立は、書面でする必要があり、その書面には和解条項に服する旨を記載する必要があります。和解条項の定めは、口頭弁論等の期日における告知その他の相当と認める方法により告知しますが、当事者は、告知前に限り、相手方の同意なしに申立を取り下げることができます。当事者双方に告知がなされた場合には、当事者間に和解が調ったものとみなされます(265条)。

第4章●
答弁書とは

Q16 答弁書とは、どんなものですか

1 答弁書とは

(1) 答弁書とは、訴状に記載された原告の申立に対して、被告がする最初の応答を記載した準備書面（自分の言い分を書いた書面）をいいます。準備書面とは、口頭弁論期日（当事者が公開の法廷で陳述するための裁判所の指定した日時）に陳述しようとする事項を記載した書面をいいます。被告の最初の準備書面を答弁書というのです。

(2) 裁判官又は合議体の裁判長が訴状を受理した場合には、書記官に命じて訴状の副本を被告に送達させますが、実務上は、訴状の副本のほかに答弁書の提出期限通知書（答弁書の提出催告状）と第1回口頭弁論期日の呼出状を同封して同時に送達されます。

　答弁書の提出期限は、事件の性質等を考慮して裁判所の裁量によって決められますが、通常は、第1回口頭弁論期日の1週間前ないし2週間前くらいの日が指定されます。

2 答弁書の提出期限通知書

(1) 答弁書の提出期限通知書の書式は決まっていませんが、次の記載例のような内容が記載されています。

（記載例）

> ① 同封の訴状に対する答弁書を平成〇年〇月〇日までに裁判所に提出してください。
> ② 答弁書には、訴状に記載されている「請求の趣旨」と「請求の原因」について、これを認めるか認めないか、認めないとしたらその理由を具体的に記載し、ほかにあなたの主張があれば記載してください。

③　答弁書には、事件番号と原告・被告の表示のほか、あなたの住所・郵便番号・電話番号を記載して記名押印をしてください。
　　④　今後、裁判所からあなたに書類を送るにあたって、住所地に送ってほしい場合は住所の次に（送達場所）と記載してください。住所地以外の場所に送ってほしい場合は住所地の記載のほか、（送達場所）としてその場所を記載してください。
　　⑤　答弁書に記載したあなたの主張を証明するための重要な証拠があれば、答弁書の提出と同時にその写しを提出してください。
　　⑥　答弁書（⑤の証拠があればその写しも）は、裁判所に提出するほか、原告（代理人がいるときは代理人）にも送る必要があります。送り方には、あなたが原告に直接送る方法と希望すれば裁判所から原告に送る方法とがあります。裁判所から送る場合には、答弁書２通（⑤の証拠があればその写しも２通）を裁判所に提出してください。この場合には送付の費用として郵便切手〇〇〇円を提出してください。
　　⑦　答弁書を提出せず、また、期日にも出頭しないと、訴状に書いてあることを認めたものとして取り扱われ、欠席のままで裁判されます。
　　⑧　不明の点がありましたら、次の担当書記官までご連絡ください。
　　〇〇地方裁判所民事部　　裁判所書記官　　〇〇〇〇
　　電話000-000-0000　　FAX000-000-0000

(2)　答弁書その他の準備書面は、裁判所に「提出」するとともに、相手方にも「直送」する必要があります（規則83条１項）。直送とは、一方の当事者が他方の当事者に対して裁判所を介しないで書面を直接に送付することをいいます。直送の方法には、①普通郵便や書留郵便で郵送する方法、②直接持参する方法、③FAX送信をする方法があります（規則47条）。相手方に訴訟代理人がいる場合は代理人あてに直送します。
　　当事者が直送する必要がある書類について、直送を困難とする事由そ

の他相当とする事由がある場合は、その当事者は、裁判所に対して相手方への送付を書記官に行わせるよう申し出ることができます（規則47条4項）。この場合には郵送料を負担する必要があります。

(3) 準備書面その他の書類（例えば、書証写し）の直送を受けた当事者は、相手方と裁判所に対して「受領証」を交付する必要があります。受領証の書式は決まっていませんが、次例（原告が受領した例）のような書式が用いられます。受領証も直送します。

（書式例）

```
　　　　　　　　　　受　領　証
　　　　　　　　　　　　　　　　　　　平成○年○月○日
○○地方裁判所民事部　御中
被告訴訟代理人　○○○○　殿
　　　　　　　　　　　　　　　原告　　○○○○　（印）
下記の書類を本日受領しました。
　　　　　　　　　　　記

1　被告準備書面(5)副本　　　　　　　1通
2　乙第7号証ないし乙第9号証の各写し　各1通
　　　　　　　　　　　　　　　　　　　　以上
```

Q17 答弁書は、どのように作成するのですか

1 答弁書に記載する事項
(1) 答弁書には、次の事項を記載する必要があります（規則80条1項）。
① 請求の趣旨（原告がどのような判決を求めるのかの記載）に対する答弁
② 訴状に記載された事実に対する認否（認めるのか否認するのか）
③ 抗弁事実（被告が原告の申立を排斥するために主張する相いれない別個の事実）の具体的な記載
④ 立証を要する事由（被告が立証を要することになると予想される事実）ごとに、その事実に関連する事実で重要なもの及び証拠の記載
　これらの事実をやむを得ない事由によって答弁書に記載することができない場合には、答弁書の提出後、速やかに、これらの事項を記載した準備書面を提出する必要があります（規則80条1項但書）。

(2) 答弁書には、立証を要する事由について重要な書証（証拠の文書）の写しを添付する必要があります。やむを得ない事由によって添付することができない場合には、答弁書の提出後、速やかに、これを提出する必要があります（規則80条2項）。
　答弁書には、事件番号、当事者（原告と被告）の表示、被告の住所・氏名・電話番号・送達場所を記載して押印をする必要があります。FAXを利用する場合はFAXの番号も記載します。

2 「請求の趣旨」に対する答弁
(1) 請求の趣旨（原告がどのような判決を求めるのかの記載）に対する答弁は、次のいずれかになります。
　　A　原告の請求を棄却する　　（本案について認めないとする答弁）
　　B　原告の請求を認容する　　（本案について認めるとする答弁）

C　原告の訴えを却下する　　（本案の審理の前に訴えが不適法だとする答弁）

　A　「原告の請求を棄却する」という答弁は、原告の訴え自体は適法であるが、原告の請求（本案）には理由がない（認められない）という主張をする場合に記載します。被告の態度としては、一般に原告の請求を否定するこの答弁が多いのです。

　B　「原告の請求を認容する」という答弁は、原告の請求を認めるという主張をする場合に記載します。実務上は、ほとんどありません。原告の請求（本案）をそのまま認めた場合は、請求の認諾として訴訟は終了します（267条）。

　C　「原告の訴えを却下する」という答弁は、原告の訴えが適法でない（訴訟に必要な要件が欠けている）という主張をする場合に記載します。これを「本案前の申立」といいます。本案とは、原告の請求自体をいいますから、本案前の申立は、原告の請求自体の当否の審理に入る前に原告の訴えの却下（門前払い）を求めるものです。

(2)　答弁書には、次例のように①本案前の申立と②本案についての答弁を記載することもあります。

（記載例）

> 第1　本案前の申立
> 　1　原告の訴えを却下する。
> 　2　訴訟費用は、原告の負担とする。
> 第2　請求の趣旨に対する答弁
> 　1　原告の請求を棄却する。
> 　2　訴訟費用は、原告の負担とする。

3　「請求の原因」に対する答弁（訴状に記載された事実に対する認否）

(1)　訴状の「請求の原因」に記載された事実に対する認否（認めるのか否認するのか）については、次の4つがありますから、訴状に記載された各事実について次の①②③のいずれであるかが分かるように記載します。

何も記載しない場合は次の「沈黙」とされます。
　① 　認める（承認する）　　＜自白＞　　　　　　　　　　（争わない場合）
　② 　否認する（争う）　　　　　　　　　　　　　　　　　（争う場合）
　③ 　不知（知らない）　　　＜争ったと推定される＞　　　（争う場合）
　④ 　沈黙　　　　　　　　　＜自白したものとみなされる＞（争わない場合）

(2) 「認める（承認する）」とは、自分に不利な相手方の主張した事実を真実と認める陳述（主張）をいいます。認める旨の陳述は、「自白」となりますから、その事実については証拠を必要とせず、裁判所の判断を拘束することになります。自白とは、相手方が主張する自分に不利益な事実を認めて争わない旨の陳述をいいます。裁判所において当事者が自白した事実については証明をする必要がありません（179条）。裁判所は、自白された事実については、そのまま判決の基礎とする必要があるのです。

　自白をした当事者は、いったんなされた自白に反する事実を主張できないことになりますが、例外として、①相手方の同意がある場合、②自白が真実に反し錯誤に基づく場合、③刑事上罰すべき他人の行為によって自白がなされた場合には、自白の撤回が許される場合があります。

(3) 「否認する（争う）」とは、相手方の主張した事実を否認する陳述をいいます。
　① 　相手方の主張は真実ではないとして直接に否認する場合を単純否認といいます。単純否認には、(a)全部を否認する場合と(b)一部を否認する場合があります。
　② 　相手方の主張と両立しない事実を積極的に主張して間接的に相手方の主張を否認する場合を間接否認（積極否認、理由付否認）といいます。
　「否認する」も「争う」も、相手方の主張を否定する意味ですが、実務では、事実を否定する場合には「否認する」とし、相手方の法律的見解を否定する場合には「争う」とする場合もあります。

(4) 「不知（知らない）」とは、相手方の主張した事実を知らないという陳述をいいます。不知とされた事実は、その事実を争ったものと推定され

ます（159条2項）。この推定とは、否認として扱うという意味です。
　不知にも、①全部の不知と②一部の不知とがあります。不知は、否認と同様に扱われますから、相手方がその事実を証明する必要があります。

(5)　「沈黙」とは、相手方の主張した事実を争うことを明らかにしないこと（答えないこと）をいいます。沈黙をした場合は、口頭弁論の全趣旨によりその事実を争ったものと認めるべき場合を除いて、相手方の主張した事実を自白したものとみなされます（159条1項）。
　これを自白の擬制といいますが、この効果として裁判所は自白の擬制された事実を裁判の基礎としなければならないという拘束を受けることになります。

(6)　結局、以上の4種類の答弁のうち「認める」とされた事実については自白となり裁判所の判断を拘束し、「沈黙」も原則として自白とされますから、原告は、被告が「否認する（争う）」「不知（知らない）」と答弁をした事実についてだけ立証をする必要があります。つまり、裁判所によって事実の存否が確定されなければならない事実の範囲は、被告が示すことになります。

4　抗弁事実

(1)　抗弁とは、相手方の主張を排斥するために、相手方の主張する事実と別個の事実を主張することをいいます。答弁書での抗弁事実とは、被告が原告の申立を排斥するために主張する相いれない別個の事実をいいます。例えば、①貸金返還請求訴訟で、被告のする「金は借りたが、返還した」という主張があります。②損害賠償請求訴訟や商品代金支払請求訴訟で、被告のする「既に支払済みである」とか「請求権は時効で消滅した」というような主張があります。

(2)　抗弁も否認も、相手方の主張を排斥する主張である点では共通しますが、次のような相違があります。
　否認は、当事者が相手方の主張する事実を真実でないとして否定する

ことをいいます。例えば、貸金返還請求訴訟で、被告が、「金を借りた事実はない」という主張をする場合です。否認には、①相手方の主張が事実でないとして否定する単純否認（例えば、金を借りた事実はないという主張）と、②相手方の主張と両立しない事実を積極的に主張して相手方の主張を否定する積極否認（例えば、金は借りたのではなく、商品代金として受け取ったという主張）とがありますが、いずれも否認ですから、否認をした者の相手方が自分の主張する事実を立証する必要があります。否認は、相手方が立証責任を負う事実を否定する陳述なのです。

　否認に対して、抗弁は、相手方の主張を否定するだけでなく、それを排斥するために別個の事実を主張しますが、相手方の主張する事実と論理的に両立し得る点で積極否認と異なります。例えば、貸金返還請求訴訟で、被告の「金は借りたが、返還した」という主張は抗弁ですから、「返還した」事実は、抗弁者が立証する必要があります。つまり、抗弁は、自分が立証責任を負う事実の積極的主張なのです。

5　答弁書の書き方

(1)　答弁書の書き方は決まっていませんが、実務上は、最高裁判所の示した書式例に従って訴状と同様の要領で作成します。2枚以上になる場合は、左側2カ所をホチキスで綴じます。各頁の契印は不要です。答弁書に印紙は不要です。答弁書の記載例は次の通りです。

（書式例）

```
平成〇年（ワ）第〇〇〇号　損害賠償請求事件
原告　〇〇〇〇
被告　〇〇〇〇
                    答　弁　書
                                        平成〇年〇月〇日
〇〇地方裁判所　御中
              〒000-0000　〇県〇市〇町〇丁目〇番〇号（送達場所）
                                    被告　〇〇〇〇　（印）
                                    （電話000-000-0000）
```

頭書事件について、被告は、下記の通り答弁をする。
記
第1　請求の趣旨に対する答弁
　1　原告の請求を棄却する。
　2　訴訟費用は原告の負担とする。

第2　請求の原因に対する認否
　1　請求の原因1記載の事実は、認める。
　2　請求の原因2記載の事実は、否認する。（否認する理由を記載する）
　3　請求の原因3記載の事実中「……」とする部分は認めるが、その余は否認する。（否認する部分の否認する理由を記載する）
　4　請求の原因4記載の事実中「……」の部分は否認し、「……」の部分は不知。その余は認める。（否認する部分の否認する理由を記載する）
　5　請求の原因5記載の主張は、争う。（争う理由を記載する）
　6　請求の原因6記載の事実は、不知。

第3　被告の主張
　1　（被告の主張を述べる）
　2　（被告の主張を述べる）
（中　略）
　9　以上の通りであるから、原告の請求は理由がない。

第4　書証の成立の認否
　1　甲第1号証の成立は、認める。
　2　甲第2号証の成立は、不知。
　3　甲第3号証の成立は、否認する。（成立を否認する理由を記載する）

証拠方法

```
 1  乙第1号証    契約書
 2  乙第2号証    領収証
 3  乙第3号証    内容証明郵便控え

              附属書類
 1  乙第1号証から乙第3号証までの写し各1通

                                以上
```

(2) 答弁書その他の準備書面において相手方の主張する事実を否認する場合には、その理由を記載する必要があります（規則79条3項）。当事者が相手方の主張する事実を否認する場合には、これと両立しない事実があるなど何らかの理由があるので、その理由を明らかにする必要があることから理由付否認（積極否認）を求めたものです。

　「否認する」も「争う」も相手方の主張を否定する場合ですが、一般に相手方の主張する事実を否定する場合には「否認する」とし、相手方の法律的主張（例えば、法律の解釈）を否定する場合には「争う」としています。

　訴状の「請求の原因」の記載内容が不明確で原告の主張の意味が分からない場合には、事実の認否ができませんから、原告の釈明（説明）を求めてから認否をする必要があります。この場合、実務では、答弁書に「求釈明」と記載して、例えば、「請求の原因7記載の○○とは、□□の意味か」のように記載して原告の説明を求めます。原告から釈明の準備書面が提出された後の続行期日の被告の準備書面で原告の主張に対する認否を行います。

　答弁書で抗弁事実を主張する場合は、「被告の抗弁」とか「抗弁事実」と明記して、具体的な抗弁事実を記載します。例えば、①貸金返還請求訴訟では「金を借りたが、昨年2月5日に返還した」とか、②商品代金請求訴訟では「代金請求権は時効で消滅した」のように具体的に記載します。

(3) 被告の提出する書証（証拠の文書）の写しには、乙第1号証、乙第2号証のような一連番号を付します。一連番号を記載する位置は、横書きの

文書は右上隅に、縦書きの文書では左上隅に赤鉛筆で記載します。被告が複数いる場合や補助参加人（利害関係人で一方の当事者を勝訴させるために訴訟に参加した人）がある場合は、それらの者の提出する書証には、丙号証、丁号証のような記号を用います。書証にこれらの記号や番号を付する権限は、本来は、裁判所にあります。慣習上、当事者が番号を付して提出していますが、裁判所は、必要によりこれらの番号を変更する場合があります。

(4) 答弁書に訴状に添付された甲号証の「書証の成立の認否」を記載する場合があります。書証の成立の認否とは、相手方（この場合は原告）がその書証（文書）の作成者であると主張する者が作成したことは認めるか否かということです。その文書の作成者についての認否ですから、文書の内容は無関係です。

　書証の成立の認否には、①成立は認める、②成立は否認する、③成立は不知の3つのいずれであるかが分かるように記載します。②の成立を否認する場合には、否認する理由を記載する必要があります（規則145条）。

　答弁書に書証の成立の認否の記載がない場合は、裁判官から書証の成立の認否について口頭で質問をする場合があります。この質問にすぐに答えらない場合は、「次回の期日までに準備書面に書いて提出します」と答えます。

(5) 答弁書その他の準備書面は、これに記載した事項について相手方が準備をするのに必要な期間をおいて裁判所に提出する必要がありますが（規則79条1項）、相手方にも直送する必要があります（規則83条1項）。直送を受けた相手方は、その受領証を裁判所に提出するとともに相手方に直送する必要があります（規則83条2項）。裁判所への提出も相手方への直送も、郵便のほかFAX送信によることもできます。

　答弁書を第1回口頭弁論期日の前に裁判所に提出できず、相手方にも直送できなかった場合は、第1回の期日に持参しますが、当日は早目に裁判所に出頭して担当書記官に手渡します。

Q18 被告の答弁書に対して原告はどのように対応するのですか

1 答弁書に対する原告の反論

(1) 被告からの答弁書に反論が必要な場合は、原告の反論を記載した準備書面を作成して裁判所に提出するとともに被告には直送をします。準備書面の作成は、口頭弁論が終結するまで続けられますから、「第1準備書面」とか「準備書面(1)」のような提出順の分かる番号を付しておきます。

答弁書に対する原告の反論の準備書面には次の事項を記載します（規則81条）。

① 答弁書に記載された事実に対する認否（認めるのか否認するのか）の記載

② 再抗弁事実（被告の抗弁に対して新たに主張する別個の抗弁事実）の記載

③ 立証を要することとなった事由ごとのその事実に関連する事実で重要なものと証拠の記載（重要な書証の写しを添付します）

上記②の「再抗弁事実」とは、被告が抗弁として主張した事実に基づく法律効果に対して、原告が更にその法律効果の発生を妨げ又はいったん発生した法律効果を消滅させる事実をいいます。例えば、貸金返還請求訴訟において、被告が「金は借りたが、返還した」という抗弁をした場合に、原告が「受領した金は売掛金の分だ」という抗弁が再抗弁となります。再抗弁に対しては、被告が、再々抗弁をする場合もあります。

上記③の「立証を要することとなった事由」とは、被告の答弁によって現実に立証が必要となった争点（争いのある事項）を意味します。訴状に記載する必要のある「立証を要する事項」とは異なります（規則53条1項）。立証を要する事項とは、原告において被告が争って立証を要することとなると予想する事実を意味します。

(2) 答弁書に記載された事実に対する認否は、Q17で述べた通り、次の①②③のいずれであるかが分かるように記載します。次の①②③のいずれかの認否を記載しない場合は「沈黙」として原則として自白をしたものとみなされます（159条1項）。これを擬制自白といいます。
① 認める（承認する）　＜自白＞　　　　　　　　　（争わない場合）
② 否認する（争う）　　　　　　　　　　　　　　　（争う場合）
③ 不知（知らない）　＜争ったと推定される＞　　　（争う場合）
④ 沈黙　　　　　　　＜自白したものとみなされる＞（争わない場合）

2　原告の主張責任と立証責任

(1) 裁判所は、当事者の主張しない主要事実（権利の発生・変更・消滅という法律効果の発生に直接必要な事実）を判決の資料として採用してはならないとする主張責任のルールから、原告は、自分に有利な主要事実を準備書面に書いて完全に主張する必要があります（主張責任の原則）。

　民事訴訟での原告の役割は、①自分に有利な主要事実を完全に「主張」し尽し、②自分の主張した主要事実を完全に「立証」し尽すことにあります。

(2) 主張責任とは、各当事者が自分に有利な事実を主張しない場合には、その事実を要件とした自分に有利な法律効果の発生が認められない不利益をいいます（Q8の5）。弁論主義（判決の基礎となる事実と証拠は当事者の提出したものに限る主義）のもとでは、各当事者は、自分に有利な判決を受けるために証明責任を負う主要事実について自ら主張しなければならない責任を負いますが、これを主張責任といいます。

　いずれの当事者が主張責任を負うのか（主張責任の分配）の問題は、次の(3)に述べる立証責任の分配のルールに従います。主張責任の目的は、当事者の意思の尊重（当事者の主張しない事実は裁判の基礎としない）にあります。

(3) 立証責任とは、ある事実が存在するのかしないのかが裁判官に不明の

場合（真偽不明の場合）に、その事実が存在しないと扱われるので、その事実を要件とする自分に有利な法律効果の発生が認められないという不利益をいいます。証明責任とか挙証責任ともいいます。

　いずれの当事者が立証責任を負うのか（立証責任の分配）については、その法律効果の発生を主張する当事者が、その法律効果の発生を定める法規の主要事実について立証責任を負います。証拠調べが終わっても、事実の真偽が不明の場合でも、裁判官は裁判を拒否することはできませんから、立証責任を一方の当事者に負わせることによって裁判を可能にしているのです。立証責任の目的は、裁判官の裁判の拒否の防止にあります。

　例えば、貸金返還請求訴訟では、金銭の授受と返還約束の事実は原告が立証責任を負い、弁済の事実（返還した事実）は被告が立証責任を負います。一つの主要事実については、一方の当事者のみが立証責任を負うのであって、双方の当事者が同時に立証責任を負うことはありません。立証責任の分配は、法規の規定によって客観的に決まっていますから、訴訟の進行によって他方の当事者に移ることはありません。

(4)　実際の訴訟では、立証責任を負う当事者だけが立証活動をするのではなく、双方の当事者が、一方はその事実の存在を証明するための証拠を提出し、他方はその事実の不存在（反対事実）を証明するための証拠を提出します。この場合、①立証責任を負う当事者の提出する証拠を「本証」といい、②立証責任を負わない当事者の提出する証拠を「反証」といいます。①本証は、その事実の存在について裁判官の確信を生じさせる必要がありますが、②反証は、その事実の不存在（反対事実）について裁判官の確信を生じさせる必要はなく、事実の存否について裁判官の確信を動揺させて真偽不明の状態に追い込めば目的を達するのです。誰が本証を提出し、誰が反証を提出するかは立証責任の分配ルールによって決まります。

　立証責任の分配は、法規の規定によって客観的に決まっており、訴訟の進行によって他方の当事者に移ることはありませんが、実際の訴訟では、立証責任を負う当事者が主要事実について有力な証拠を提出し裁判

官が確信を形成しそうになった場合に、相手方が裁判官の心証の形成を妨げる証拠を提出する場合があります。この場合の立証の必要性（証明の必要）は相手方に移りますが、立証責任自体は相手方に移ることはないのです。立証の必要性（証明の必要）は訴訟の過程によって裁判官の心証に応じて刻々と変わりますが、立証責任の所在は訴訟の最初から変わることはないのです。

3 第1回口頭弁論期日前の準備書面の提出

(1) 答弁書に対する原告の反論の準備書面は、第1回口頭弁論期日の前でも提出することはできますが、民事訴訟を早く進める方法はありませんから、急いで原告が準備書面を作成する必要はありません。民事訴訟の口頭弁論期日は裁判所が当事者双方の都合を聴いて決めますから、裁判所の指定する日を「都合が悪い」といえば、期日の間隔は延ばされて行くのです。期日の間隔は裁判所によって異なりますが、およそ1カ月ないし2カ月に1回程度となっていますから、急いで訴訟を終わらせることはできないのです。

(2) 通常の民事訴訟の実務では、集中的に審理をすることはせず、俗に「歯医者方式」といわれるように相当の間隔をおいて期日を指定します。まれに裁判所から準備書面や書証（証拠の文書）の提出期限を指定される場合がありますが、当事者から「その期限までに提出することは不可能ですから、あと20日間程度延ばしてください」といえば、裁判官は不可能なことは強制しませんから、結局、期日は先に延期されて行くのです。

　裁判所が準備書面の提出期限を指定しない場合でも、準備書面は「相手方が準備をするのに必要な期間をおいて」裁判所に提出し相手方にも直送する必要がありますが（規則79条1項、規則83条1項）、実務では、しばしば口頭弁論期日の当日に準備書面が提出される場合があります。当日に提出された場合は、反論の準備もできませんから、次回の期日までに反論の準備書面を提出することになりますから、訴訟の進行は、ますます遅れていきます。これが民事訴訟の現状なのです。

第 5 章●
口頭弁論期日で
やるべきこと

Q19
第 1 回の口頭弁論期日では、何をするのですか

1 口頭弁論期日とは

(1) 口頭弁論期日とは、当事者（原告と被告）が公開の法廷において口頭で主張を陳述したり証拠を提出したりする審理をする日時をいいます。口頭で陳述するといっても、実務では、「訴状の通り陳述します」「答弁書の通り陳述します」「第1準備書面の通り陳述します」のように述べるだけです。場合によっては、裁判官から「第1準備書面のとおりですね？」といった質問に対して「はい」と答えるような場合もあります。書面の内容を読み上げたりはしません。

(2) 口頭弁論とは、期日（裁判所で審理をする日時）において公開の法廷で各当事者が口頭で本案の申立（判決を求める申立）と攻撃防御方法（申立を基礎づけるための法律上事実上の主張や証拠の申出）としての陳述を行うことをいいます。
　① 攻撃方法とは、原告が本案の申立（原告の請求）を基礎づけるために提出する一切の法律上・事実上の主張や証拠の申出をいいます。法律上の主張とは、具体的な権利関係の存否に関する自分の認識や判断を陳述することをいいます。事実上の主張とは、具体的な事実の存否についての自分の認識や判断を陳述することをいいます。
　② 防御方法とは、被告が反対の申立（防御）を基礎づけるために提出する一切の法律上・事実上の主張や証拠の申出をいいます。

(3) 第1回口頭弁論期日は、裁判所が各当事者（原告と被告）の都合を聞かずに指定することができます。第1回口頭弁論期日は、特別の事由がある場合を除いて、訴えが提起された日から30日以内の日に指定する必要があります（規則60条2項）。

訴えが提起された場合は、裁判長は、口頭弁論期日を指定し、当事者（原告と被告）を裁判所に呼び出す必要があります（139条）。呼び出しは、書記官が呼出状を作成して各当事者に対して郵便の特別送達により郵送をします。

2　第1回口頭弁論期日の裁判所への出頭

(1)　初めて裁判所に出頭する場合は、法廷の場所が分かりにくい場合がありますから、呼出状に指定された時刻の10分前までには指定された法廷に出頭します。法廷に出頭したら法廷内の書記官に呼出状を示して出頭していることを伝えます。既に別の訴訟の審理が開始されている場合は、傍聴席で待機します。裁判所によっては出頭カードを置いている場合がありますから、その場合には氏名その他を記入します。

　長時間待機する場合は、別の待合室や廊下で待機してもかまいませんが、指定の時刻の10分前には法廷内の傍聴席で待機をしておきます。

(2)　各法廷の入口や待合室にその日の「開廷予定表」が掲示されていますから、自分の審理の順番を確認しておきます。同じ時刻に複数の事件を指定している場合（例えば、第1回口頭弁論だけを審理する場合）は「開廷予定表」に記載した順番と異なる場合がありますから、傍聴席で待機をして書記官からの事件番号や当事者名を呼ばれてから当事者席（原告席又は被告席）に着席します。当事者席は、一般に裁判官席に向って左側が原告席、右側が被告席になっていますが、分からない場合は書記官に尋ねます。

　同じ時刻に複数の事件を指定していない場合で最初の順番になっている場合は、書記官に出頭していることを伝えて、当事者席を書記官に確認してから着席します。当事者席には通常は椅子が二つありますが、裁判官の声が小さい場合がありますから、裁判官席に近い方の席に座ります。

　最初の順番になっている場合で裁判官が席にいない場合は、裁判官の入廷に際して法廷内の全員が起立する慣行になっています。法的義務ではありませんから、実際には起立しない者もいます。

3　第1回口頭弁論期日で何をするのか

(1)　審理の開始に際して書記官は「平成○年（ワ）第○○号」のように事件番号を呼び上げます。口頭弁論の期日は、事件の呼上げによって開始されます（規則62条）。

　　第1回口頭弁論期日では、裁判官の指示に従って、まず原告が訴状を陳述し、次いで被告が答弁書を陳述します。陳述といっても書面を読み上げたりはせず、裁判官から「訴状を陳述しますね？」のような質問に「はい」と答えるだけです。被告の場合も「答弁書を陳述しますね？」のような質問に「はい」と答えるだけです。これによって訴状や答弁書に記載したことを全部陳述したことになるのです。書記官は、口頭弁論期日の調書に陳述した旨を記載します。法廷で当事者が発言する場合は起立して行う慣行になっています。

　　原告が答弁書に対する反論の準備書面を第1回口頭弁論期日の前に提出している場合には、原告は、裁判官の質問に答えてその準備書面も陳述します。訴状も答弁書も準備書面も口頭弁論期日において陳述をしないと裁判所は訴訟資料（審判のための資料）とすることはできません。

　　まれに訴状の内容について裁判官が原告に質問をする場合がありますが、すぐに答えられる場合はその場で答えますが、分からない場合やすぐに答えてよいかどうかが分からない場合は、「調べて準備書面に書いて提出します」と答えて、あやふやなことは答えないことが大切です。この場合の裁判官からの質問内容はノートに書いて帰ります。

(2)　裁判官からの質問もなく当事者からの発言もない場合は、次回の口頭弁論期日を裁判長が指定しますが、この場合には当事者双方の都合を聞いて期日を指定します。従って、各期日には2～3カ月先までの予定表を持参します。いずれの当事者も都合の悪い場合は「その日は差し支えがあります」と言えば、裁判長は別の日時の都合を聞きます。指定の時刻だけが都合が悪い場合（例えば、裁判所が遠くにあり午前中には出頭できない場合）は、例えば、午後1時以降の時間帯のような希望を述べます。

　　こうして決まった日時は、後日、緊急入院をするようなやむを得ない

場合を除いて、変更することはできませんから、決まった日時はノートに書いて帰ります。第2回以降の口頭弁論期日については呼出状は送達されません。

　第1回口頭弁論期日に原告又は被告のいずれか一方が欠席した場合には、相手方の都合を聞くことができませんから、書記官が当事者双方の都合を電話で確認して裁判長が期日を指定することになります。この場合には、各当事者は、次例のような「期日請書(うけしょ)」を裁判所に提出します。提出方法はFAXでも郵送でもかまいません。

（原告提出の書式例）

平成○年（ワ）第○○○号　損害賠償請求事件
原告　　○○○○
被告　　○○○○

　　　　　　　　　　　期日請書

　　　　　　　　　　　　　　　　　　　　平成○年○月○日

○○地方裁判所　御中

　　　　　　　　　　　　　　　　　原告　○○○○　（印）

頭書事件について、口頭弁論期日を平成○年○月○日午後○時○分と指定されましたので、同期日に出頭します。

　　　　　　　　　　　　　　　　　　　　　　　　　　　　以上

---

(3)　第1回口頭弁論期日に原告又は被告のいずれか一方が欠席した場合は、裁判所は、欠席した当事者の提出した訴状又は答弁書その他の準備書面を陳述したものとみなして出頭した当事者に弁論（主張や証拠の提出）をさせることができます（158条）。この特例は、当事者の一方が欠席した場合に限られますから、当事者双方が欠席した場合には1カ月以内に期日指定の申立をしない場合には訴えの取り下げがあったものとみなされます（263条）。この場合の期日指定の申立書の書式例は次の通りです。

（書式例）

平成○年（ワ）第○○○号　損害賠償請求事件

```
原告　○○○○
被告　○○○○
　　　　　　　口頭弁論期日指定申立書
　　　　　　　　　　　　　　　　　　　平成○年○月○日
○○地方裁判所　御中
　　　　　　　　　　　　　　　　原告　○○○○　（印）
頭書の事件は、平成○年○月○日の第1回口頭弁論期日に当事者双方の
不出頭のため休止となっているが、期日を指定されたく申立をする。
　　　　　　　　　　　　　　　　　　　　　　　　　　　以上
```

　第1回口頭弁論期日に原告が出頭して訴状を陳述したにもかかわらず、被告が答弁書も提出せずに欠席した場合には、裁判所は、被告が訴状に書いてある原告の主張を認めたものとして欠席のままで被告敗訴の判決が言い渡されることになります。これを欠席判決といいますが、一般に言い渡し期日は別の日に指定されます。

4　書証の成立の認否

(1)　書証の成立の認否とは、Q17で述べたように、書証（証拠の文書）の作成者として表示されている者が作成したことは認めるか否かということです。例えば、Aが作成したとする金額300万円の領収書（A作成名義の領収書）が書証として提出された場合に、提出した当事者の相手方がAが作成したことは認めるか否かということです。記載された金額の300万円を認めるか否かということではありません。

(2)　第1回口頭弁論期日に限られませんが、裁判長から書証の提出者の相手方に対して書証の成立の認否を質問する場合があります。第1回口頭弁論期日では原告が訴状に添付して提出した甲号証について、被告に書証の成立の認否を質問する場合がありますから、被告は答弁書に甲号証の書証の成立の認否を記載しておくのが便利です。

　書証の成立の認否には、次例の通り3つの応答がありますから、そのいずれであるかが分かるように記載します。

（記載例）
　　①　甲第1号証の成立は、認める。
　　②　甲第2号証の成立は、否認する（この場合は否認する理由も記載）。
　　③　甲第3号証の成立は、不知。

①の「**成立は認める**」とは、相手方の主張する作成者と称する者が作成したことは認めるという意味です。書かれている内容を認めるという意味ではありません。

②の「**成立は否認する**」とは、相手方の主張する作成者と称する者が作成したことは認めない（否認する）という意味です。成立を否認する場合は、その理由を明らかにする必要があります（規則145条）。

③の「**成立は不知**」とは、相手方の主張する作成者と称する者が作成したのかどうかは知らないという意味です。書かれている内容とは無関係です。

書証の提出者の相手方が「成立は否認する」又は「成立は不知」と答えた場合は、書証の提出者が書証の作成者と称する者が作成した事実を証明しない限り証拠とはなりません。例えば、書証の作成者の称する者を証人として尋問して作成した事実を証言させるのです。書証の成立の認否は、書記官が「書証目録」という書面に記録します。

(3)　書証は写し（コピー）を裁判所に提出し相手方に直送しますから、裁判官は、書証の提出者に対して原本（写しの元の文書）を法廷において裁判官と相手方に提示することを求める場合があります。従って、書証を提出した後の口頭弁論期日には原本を法廷に持参することとします。提示の方法は、書記官が原本を預かり裁判官と相手方に示して、提示後はすぐに返してくれます。原本自体が写し（コピー）の場合がありますが、その場合は「原本は写しです」と言えば、原本の提示を求められない場合もあります。例えば、自治体の情報公開条例によって得た公文書の写しを書証として提出した場合です。

当事者や代理人が故意又は重大な過失により真実に反して文書の成立の真正を争った場合は、裁判所は、決定（裁判の一種）で10万円以下の過料（金銭罰の一種）に処するとしています（230条1項）。

Q20 口頭弁論期日の前に提出する準備書面とは、どんなものですか

1 準備書面とは

(1) 準備書面とは、各当事者（原告と被告）が口頭弁論期日に陳述しようとする事項を記載して期日前に裁判所に提出し相手方に直送する書面をいいます。口頭弁論は書面（準備書面）で準備する必要があり（161条1項）、準備書面は相手方が準備をするのに必要な期間をおいて裁判所に提出し相手方に直送する必要があります（規則83条1項）。準備書面の直送の規定は証拠の申出を記載した書面（証人申請その他の証拠申出書）にも適用されますから、証拠申出書も裁判所に提出し相手方に直送する必要があります（規則99条2項）。

準備書面の提出期限を裁判長が定めなかった場合は、実務上は、一般に次回の口頭弁論期日の1週間前くらいに提出していますが、口頭弁論期日の当日に提出される場合もあります。準備書面の提出回数に制限はありませんから、例えば、準備書面を提出した翌日に追加の主張の準備書面を提出することもできます。

(2) 準備書面には、次の事項を記載することとされています（161条2項）。
　① 攻撃又は防御の方法（自分の主張する事実とそれを裏付ける証拠）
　② 相手方の請求及び攻撃又は防御の方法に対する陳述（認めるか否かの陳述）

①の攻撃又は防御の方法とは、各当事者が自分の申立を基礎付けるために提出する法律上又は事実上の主張と証拠の申出をいいます。原告の提出するものを攻撃方法といい、被告の提出するものを防御方法といいます。

②の相手方の請求及び攻撃又は防御の方法に対する陳述とは、被告の場合は請求の原因に対する認否と再抗弁に対する認否であり、原告

の場合は抗弁に対する認否を記載します。準備書面で相手方の主張する事実を否認する場合には、否認の理由も記載します（規則79条3項）。期日の審理を充実させるために準備書面で相手方の主張を否認する場合には、単純否認ではなく、理由付否認（積極否認）をするようにしたのです。

(3) 準備書面に事実についての主張を記載する場合には、できる限り、次の①の主張（主要事実についての主張）と②の主張（間接事実についての主張）とを区別して記載する必要があります（規則79条2項）。
① 請求を理由付ける事実、抗弁事実（相手方の主張を排斥するため主張する相いれない別個の事実）又は再抗弁事実（抗弁の主張を排斥する相いれない別個の事実）についての主張
② これらに関連する事実についての主張

つまり、①主要事実（権利の発生・変更・消滅という法律効果の発生に直接必要な事実）についての主張と、②間接事実（主要事実の存否を推認させるのに役立つ事実）についての主張とを区別して記載する必要があるとしています。これらの事実についての主張を記載する場合には、立証を要する事由（予想される争点）ごとに証拠を記載する必要があります（規則79条4項）。

2 準備書面の提出と直送

(1) 各当事者は、準備書面に記載した事項について相手方が準備をするのに必要な期間をおいて裁判所に提出し相手方に直送する必要があります（規則83条1項）。裁判長は、特定の事項に関する主張を記載した準備書面の提出や特定の事項に関する証拠の申出をすべき期間を定めることができます（162条）。

相手方が在廷していない口頭弁論期日においては、準備書面に記載した事実でなければ主張することはできません（161条3項）。準備書面を提出しておけば、相手方が口頭弁論期日に欠席した場合でも、準備書面に記載した事実を主張することができます。

各当事者が口頭弁論期日において相手方の主張した事実を争うことを

明らかにしない場合には、弁論の全体の趣旨から争ったものと認めるべき場合を除き、その事実を自白したものとみなします（159条1項）。これを擬制自白といいます。擬制自白の規定は、当事者が口頭弁論期日に欠席した場合にも準用されます（159条3項）。

(2)　準備書面は裁判所に提出するとともに相手方にも直送する必要がありますが、裁判所への「提出」も相手方への「直送」もFAXを利用して送信することもできます（規則47条1項）。裁判所への提出も相手方への直送も郵便（普通郵便その他）を利用することもできますし持参することもできます。

　準備書面の直送を受けた当事者は、その準備書面を受領した旨を記載した書面（受領証。Q16参照）を①相手方に直送するとともに、②裁判所にも提出する必要があります（規則83条2項）。この受領証の相手方への直送も裁判所への提出も、FAXを利用することもできますし郵便や持参の方法によることもできます。

Q21 準備書面は、どのように作成するのですか

1 準備書面の書き方

(1) 準備書面の書き方は決まっていませんが、Q17に述べた答弁書（訴状の内容に対する被告の最初の応答を書いた準備書面）と同様の要領で作成します。相手方の主張する事実に対しては、①認める、②否認する、③不知、④沈黙の4つの認否があり得ますが、準備書面では相手方の主張に反論するのが目的ですから、②の否認する（争う）と③の不知を中心に記載します。相手方の主張を争わない場合は、わざわざ「認める」と記載せずに、沈黙（何も書かない）とする場合もあります。沈黙をした場合は、口頭弁論の全趣旨によりその事実を争ったものと認めるべき場合を除いて、相手方の主張した事実を自白したものとみなされます（159条1項）。相手方の主張した事実を知らない（不知）とした場合は、その事実を争ったものと推定されます（159条2項）。

(2) 次の記載例は、被告の準備書面（4）に対して原告が第5準備書面として反論をした場合です。

（記載例）

平成〇年（ワ）第〇〇号　損害賠償請求事件
原告　〇〇〇〇
被告　〇〇〇〇
　　　　　　　　　　第5準備書面
　　　　　　　　　　　　　　　　　　　　平成〇年〇月〇日
〇〇地方裁判所　御中
　　　　　　　　　　　　　　　　　原告　〇〇〇〇　（印）
頭書事件について、原告は、下記の通り弁論を準備する。

記

第1　被告の平成○年○月○日付準備書面（4）（以下「被告準備書面④」という）第1記載の被告の主張に対する反論
  1　被告準備書面④の第1の1の(1)記載の被告の主張は、すべて争う。その理由は、……だからである。
  2　被告準備書面④の第1の1の(2)記載の被告の主張する事実は、否認する。その理由は、……だからである。
  3　被告準備書面④の第1の1の(3)記載の被告の主張する事実は、不知。
  4　被告準備書面④の第1の1の(4)記載の被告の主張する事実は、誤りである。その理由は、……だからである。

（中　略）

第2　被告準備書面④の第2記載の被告の主張に対する反論
  1　被告準備書面④の第2の1の(1)記載の被告の主張のうち「……」の部分は認めるが、その余は、すべて否認する。否認理由は、……だからである。
  2　被告準備書面④の第2の2（3頁の12行目以下）において、被告は、「……」と主張するが、被告の主張は、すべて争う。その理由は、……だからである。
  3　被告準備書面④の第2の3（4頁の5行目以下）記載の事実は、不知。
  4　被告準備書面④の第3の4（5頁の4行目以下）において、被告は、「……」と主張するが、被告の主張は、すべて誤りである。その理由は、……だからである。

（中　略）

第3　求釈明
  1　被告準備書面④の第3の1の(1)に「……」とするが、その根拠を明らかにされたい。
  2　被告準備書面④の第3の2の(2)に「……」とするが、その意味は、「……」の意味か。

3　被告準備書面④の第3の3の(1)に「……」とするが、その理由を明らかにされたい。
　　　　　　　　　（中　略）
　　第4　原告の主張
　　　1　（内容省略。被告の主張に対する反論や原告の言い分を詳細に述べる）
　　　2　（内容省略）
　　　3　（内容省略）
　　　　　　　　　（中　略）
　　第5　書証の成立の認否
　　　1　乙第7号証の成立は、認める。
　　　2　乙第8号証の成立は、否認する。その理由は、……だからである。
　　　3　乙第9号証の成立は、不知。
　　　　　　　　　　　　　　　　　　　　　　　　　　以上

2　準備書面の作成上の注意

(1)　書面の表題は、上記の記載例のような「第5準備書面」とか「準備書面(5)」「原告準備書面(5)」のような記載のほか、単に「準備書面」とする場合もあります。

　準備書面には各当事者が裁判所に提出する書面の一般的記載事項である次の事項を記載して作成者が記名・押印をします（規則2条）。

① 事件の表示（事件番号と事件名の表示）
② 当事者の表示（原告と被告の表示）
③ 書面の作成年月日
④ 提出先の裁判所名
⑤ 附属書類の表示（添付書類の表題その他）

(2)　準備書面の主な目的は、相手方の主張が誤りである旨の論証（主張と立証）をすることにありますから、相手方の主張する事実を否定する事実を中心に反論をします。相手方の主張する事実について否認する場合

には否認をする理由を記載する必要があります（規則79条3項）。相手方の法律的見解（法律効果に関する主張）を否認する場合には、「争う」と記載する場合もあります。この場合にも争う理由を記載します。

　当事者が口頭弁論において相手方の主張した事実を争うことを明らかにしない場合（沈黙した場合）には、弁論の全体の趣旨から争ったものと認めるべき場合を除き、その事実を自白したものとみなされます（159条1項）。これを**擬制自白**といいますが、自白とみなされないために反論の必要な事項には漏れなく反論することが大切です。

　漏れなく反論をするための便利な書き方として、相手方の主張について、いちいち認否を記載せずに、先ず自分の主張を述べて、その主張に反する相手方の主張する事実は一切否認をするという書き方もあります。

　相手方の主張を認める場合には、わざわざ「認める」と記載しなくても「沈黙」（認否を明らかにしないこと）することもできます。

(3)　自分の主張した事実を立証するには、その事実ごとにその事実を証明する証拠を準備書面に記載する必要があります。例えば、「甲第6号証の契約書第3条第2項には、……と規定されているのである」のように主張の根拠となる証拠を明示する必要があります。これから提出する書証（証拠の文書）でも、原告は甲第〇号証、被告は乙第〇号証という一連番号を付して準備書面の中で引用することができます。この場合の書証は遅くとも引用した準備書面と同時に提出します。民事訴訟の仕組みは、各当事者による「主張」とその主張を「立証」することに尽きます。主張し立証することを「論証」といいます。

(4)　相手方の準備書面の記載内容の意味が不明の場合には反論をすることができませんから、上記の記載例のような「求釈明」をします。求釈明とは、相手方の主張内容に不明瞭・不明確・不十分な箇所がある場合に、その内容を明確にするために相手方に説明を求めること（質問すること）をいいます。

　この求釈明とは別に、裁判長は、口頭弁論の期日又は期日外において、訴訟関係を明瞭にするため、事実上・法律上の事項に関し、各当事者に

対して問いを発し又は立証を促すことができるとしています（149条1項）。これを裁判長の釈明権の行使といい、裁判長の訴訟指揮権の一内容となっています。

(5) 準備書面では相手方の主張に単に反論をするだけでは十分でなく、自分の「主張」をし尽しその主張の根拠を「立証」し尽す必要があります。そのために上記の記載例の「第4　原告の主張」で自分の主張を完全に論証し尽すことが必要です。準備書面の提出回数に制約はありませんから、いったん提出した自分の準備書面に追加する場合は、いつでも自由に追加の準備書面を提出することができます。

上記の記載例の「第5　書証の成立の認否」の書き方は、Q19の4で説明しました。

3　最終準備書面とは

(1) 最終準備書面とは、口頭弁論の終結（結審）の期日に陳述する最終の準備書面であって、各当事者が訴状、答弁書その他の準備書面又は口頭で陳述した法律上・事実上の主張や抗弁その他の主張を漏れなく網羅した準備書面をいいます。

民事訴訟の基本ルールの弁論主義の内容として、①裁判所は、当事者の主張しない事実を判決の資料（基礎）としてはならないとされ、②裁判所は、当事者間に争いがある事実を認定するには、当事者の申し出た証拠によらなければならないとされていることから、最終準備書面には、主張の漏れがないように、ありとあらゆる主張をし証拠を提出しておく必要があります。実務では、最終準備書面は、数十頁に及ぶものも多く、そのような場合は読みやすくするために目次や要約を付けたり工夫をすることも大切です。

(2) 裁判所は、訴訟が判決をするのに熟したときは、終局判決（その審級の審理を終わらせる判決）をすることとしていますが（243条1項）、「裁判をするのに熟したとき」とは、裁判官が判決ができるという心証に達したときを意味します。いずれの当事者を勝たせるかについては、係争事

実を証明することができた側を勝たせることになりますが、実際の裁判では完全に証明することは困難ですから、実務では裁判官の心証により、いずれの証拠が優越しているか（証拠上いずれの側の証明度が優越しているか）によって勝敗が決まることになります。

　裁判官の自由心証主義について民事訴訟法は「裁判所は、判決をするに当たり、口頭弁論の全趣旨及び証拠調べの結果を斟酌(しんしゃく)して、自由な心証により、事実についての主張を真実と認めるべきか否かを判断する」と規定します（247条）。しかし、民事訴訟の基本ルールの弁論主義により、裁判所は当事者間に争いのない事実（自白された事実）は、そのまま判決の資料（基礎）としなければならないとされています。つまり、民事訴訟は実体的真実（客観的な真実）の発見を禁止しているので、結局、100％の真実を求めるものではないのです。ただ、実務上は、裁判官は、物的証拠（特に書証）がないと自信をもって事実認定をすることができませんから、最終準備書面でも書証を中心に論証をする必要があります。

Q22 口頭弁論期日の進め方は、どのようになっているのですか

1 裁判長の訴訟指揮権・釈明権、釈明処分

(1) 口頭弁論期日(公開の法廷で審理をする日時)の進行は裁判長が指揮をすることとされていますから、法廷で各当事者が事実を主張したり証拠を取り調べる場合は、裁判長が進行役として指揮をします(148条1項)。この裁判長の権限を「訴訟指揮権」といいます。訴訟手続の進行について裁判所に主導権を与える建前を「職権進行主義」といいます。

裁判長は、法廷内で各当事者、訴訟代理人、証人その他の者に発言を許し、又はその発言を禁止することができます(148条2項)。発言の禁止の命令(裁判の一種)は、訴訟の指揮に関する命令ですから、いつでも取り消すことができます(120条)。

(2) 裁判長は、口頭弁論期日又は期日外(次の期日との間)において、訴訟関係を明瞭にするため、事実上の事項(具体的事実の存否に関する事項)や法律上の事項(法律解釈の判断に関する事項)に関して、各当事者に対して質問をしたり又は立証を促すことができます(149条1項)。この裁判長の権限を「釈明権」といいます。この釈明権は、陪席裁判官(裁判長以外の裁判官)も裁判長に告げて行使をすることができます(149条2項)。

各当事者は、口頭弁論期日又は期日外において、裁判長に対して相手方に質問をしてくれるように求めることができます(149条3項)。この当事者の権利を「求問権」といいます。期日外(次の期日との間)に裁判長に質問をしてくれるように要求する場合は裁判長あての書面を提出する必要があります。

(3) 裁判所は、訴訟関係を明瞭にするため、次の処分(釈明処分)をする

ことができます（151条）。これらの釈明処分は、裁判所が職権により決定（裁判所の口頭弁論を経ない裁判）で命じられます。当事者が釈明処分を申し立てても、単に裁判所の職権の発動を促す意味しかありません。
① 当事者本人又はその法定代理人（例えば、親権者、後見人）に対し、口頭弁論期日に法廷に出頭することを命ずること。
② 口頭弁論期日において、当事者のため事務を処理し又は補助する者（例えば、会社の経理担当者）で裁判所が相当と認めるものに陳述させること。
③ 訴訟書類又は訴訟において引用した文書その他の物件で当事者の所持するものを提出させること。
④ 当事者又は第三者の提出した文書その他の物件を裁判所に留め置くこと。
⑤ 検証をし、又は鑑定を命ずること。
⑥ 会社・官庁その他の団体に調査を嘱託（依頼）すること。
上記の中の検証、鑑定、調査の嘱託については証拠調べの手続の規定が準用されます。

2 当事者の申立権と責問権

(1) 訴訟手続の進行について裁判所に主導権が認められる職権進行主義のもとでも、例外的に、当事者にも補充的な権能として①申立権と②責問権（異議権）が認められています。

申立権とは、口頭弁論の進行に関し裁判所に対して一定の行為を要求する当事者の権利をいいます。条文上には「当事者の申立により」と規定されています。この申立に対しては裁判所は必ず応答をする必要があります。例えば、裁判所の管轄違いによる移送の申立（16条）、時機に遅れた攻撃防御方法の却下の申立（157条1項）があります。

(2) **責問権**（異議権）とは、相手方又は裁判所の違法な手続の進行に対して異議を述べる当事者の権利をいいます。当事者が訴訟手続に関する規定の違反を知り、又は知ることができた場合において、遅滞なく異議を述べない場合は、異議を述べる権利を失います。ただし、放棄すること

のできない権利は失いません（90条）。

　責問権（異議権）の喪失の要件は次の通りです。
① 　訴訟手続規定の違反があり、当事者が責問権を放棄できるものであること。
② 　当事者がその違反を知り、又は知ることができたこと。
③ 　当事者が遅滞なく異議（裁判所に対する陳述）を述べないこと。

3　攻撃防御方法の提出時期

(1)　攻撃又は防御の方法（事実の主張や証拠の提出）は、訴訟の進行状況に応じ適切な時期に提出する必要があります（156条）。これを「適時提出主義」といいます。攻撃又は防御の方法とは、自分の申立を理由づけるために提出する法律上又は事実上の主張と証拠の申出をいいます。このうち原告のするものを攻撃方法といい、被告のするものを防御方法といいます。

(2)　当事者が故意又は重大な過失によって時機に後れて提出した攻撃又は防御の方法については、これによって訴訟の完結を遅延させることとなると認めた場合は、裁判所は、当事者の申立により又は裁判所の職権で、その攻撃防御方法について却下の決定（裁判の一種）をすることができます（157条1項）。

　攻撃又は防御の方法で、その趣旨（主張の意味や立証の趣旨）が明瞭でないものについて裁判所に対し当事者が必要な釈明（説明）をせず、又は釈明をすることになっている期日に欠席した場合も、当事者の申立により又は裁判所の職権で、その攻撃防御方法について却下の決定をすることができます（157条2項）。

4　口頭弁論期日の審理手続のルール

(1)　口頭弁論期日の審理手続のルールには、以下に述べる①公開主義、②双方審尋主義、③口頭主義、④直接主義、⑤継続審理主義があります。
① 　**公開主義**とは、一般国民が法廷の審理を傍聴することができる状態で訴訟の審理や判決を行う建前をいいます（憲法82条1項）。公開主義

は、憲法82条の裁判の公開原則にもとづくものですが、例外として裁判官の全員一致で公の秩序又は善良の風俗を害するおそれがあると決定した場合には、公開しないで行うことができるとされています。公開主義により何人でも書記官に対して民事訴訟記録の閲覧を請求することができます（91条1項）。

② **双方審尋主義**とは、訴訟の審理において当事者双方に、それぞれの主張を述べる機会を平等に保障する建前をいいます。当事者対等主義、当事者平等の原則、武器平等の原則ともいいます。これとは反対に当事者の一方にその機会を与えれば足りるとの主義を一方審尋主義といいます。判決手続は口頭弁論が必要ですから双方審尋主義によっていますが、決定（口頭弁論を経ない裁判所の裁判）や命令（口頭弁論を経ない裁判官の裁判）では一方審尋主義の色彩が濃いものとなっています。

③ **口頭主義**とは、弁論（主張の陳述）や証拠調べを口頭で行う建前をいいます（87条1項）。口頭で陳述されたものだけが判決の基礎となる原則です。ただ、口頭主義の短所を書面主義により補完をしている場合があります。例えば、訴えの提起、上訴の提起、準備書面、上告理由書のような書面を必要とする場合があります。

④ **直接主義**とは、弁論の聴取や証拠調べを判決をする裁判官が自ら行う建前をいいます。直接主義について「判決は、その基本となる口頭弁論に関与した裁判官がする」と規定しています（249条1項）。ただ、例外として、①裁判官が交代をした場合は、従前の口頭弁論の結果を陳述して直接主義を形式的に満足させることとしています（249条2項）。これを「弁論の更新」といいます。②法廷外での証拠調べを受命裁判官（裁判長の指示を受けた合議体の裁判官）や受託裁判官（他の裁判所の依頼された裁判官）にさせることができるとしています（185条）。

⑤ **継続審理主義**とは、一つの事件について継続的・集中的に審理をし、その事件を終了させてから次の事件に入る建前をいいます。集中審理主義ともいいます。例えば、集中証拠調べについて「証人及当事者本人の尋問は、できる限り、争点及び証拠の整理が終了した後に集中して行わなければならない」と規定しています（182条）。ただ、実務では、伝統的な併行審理主義（同一日に多数の事件を併行して審理をする主

義）が行われています。

(2) 当事者が口頭弁論期日に欠席した場合のルールは、①最初の期日に当事者の一方又は双方が欠席した場合と、②続行期日（第2回口頭弁論期日以降の期日）に当事者の一方又は双方が欠席した場合について次の通り規定されています。

① 最初の期日に被告のみが欠席した場合は、原告は訴状を陳述し、被告は答弁書を提出している場合は答弁書を陳述したものとみなします（158条）。

② 最初の期日に原告のみが欠席した場合は、原告の訴状は陳述したものとみなされて、被告は答弁書が原告に送達されている場合は答弁書を陳述します（158条、161条3項）。

③ 最初の期日に原告と被告の双方が欠席した場合は、原告の訴状も被告の答弁書も陳述したものとみなされず、1カ月以内に新期日の指定の申立をしない場合は、訴えを取り下げたものとみなされます（263条）。

④ 続行期日に被告のみが欠席した場合は、原告は自分の準備書面を被告が受領している場合は自分の準備書面を陳述します（161条3項）。被告は自分の準備書面を陳述したものとみなすことはできません（陳述擬制はない）。

⑤ 続行期日に原告のみが欠席した場合は、被告は自分の準備書面を原告が受領している場合は自分の準備書面を陳述します（161条3項）。原告は自分の準備書面を陳述したものとみなすことはできません（陳述擬制はない）。

⑥ 続行期日に原告と被告の双方が欠席した場合は、1カ月以内に新期日の指定の申立をしない場合には、訴えを取り下げたものとみなされます（263条）。

⑦ 裁判所は、続行期日に原告と被告の双方が欠席した場合又は一方が欠席した場合において、審理の現状及び当事者の訴訟追行の状況を考慮して相当と認める場合は、終局判決をすることができます。ただし、当事者の一方が欠席した場合には、出頭した当事者の申出がある場合

に限られます（244条）。
⑧　最初の期日に被告のみが欠席し答弁書も提出していない場合は、被告が原告の主張した事実を争うことを明らかにしない場合として原告の主張した事実を自白したものとみなされますから（159条1項）、口頭弁論を終結し、被告の欠席したままで判決が言い渡される場合があります。訴状の内容をそのまま認めるのか否かの問題もありますから、判決言渡し期日を指定して結審することになります。

(3)　口頭弁論期日の変更は次のような特別の事由のある場合に限り認められます。
①　最初の口頭弁論期日の変更は、(a)当事者の合意のある場合（93条3項但書）と、(b)顕著な事由がある場合（93条3項本文）に限られます。「顕著な事由」とは、「やむを得ない事由」よりは緩やかな概念で、変更を認めないと当事者の弁論権の不当な制限になる場合をいいます。例えば、当事者の急病のような事由をいいます。
②　口頭弁論の続行期日の変更は、顕著な事由がある場合に限られます（93条3項本文）。
③　弁論準備手続（口頭弁論準備のための争点整理手続）を経た口頭弁論期日の変更は、やむを得ない事由がある場合に限られます（93条4項）。「やむを得ない事由」とは、例えば、期日当日の大地震による交通途絶、当事者の交通事故による緊急入院のような事由をいいます。

5　書記官作成の口頭弁論調書の入手

(1)　裁判所の書記官は、口頭弁論の期日ごとの調書（口頭弁論調書）を作成する必要があります（160条1項）。口頭弁論調書の記載について当事者その他の関係人が異議を述べた場合は、その調書にその旨の記載をする必要があります（160条2項）。例えば、書記官の誤記があったような場合です。
　口頭弁論が決められたやり方の通りに行われたことは、その調書の記載によってのみ証明することができるだけで、他の証拠によって証明することはできないのです。ただし、口頭弁論調書が滅失した場合には、

他の証拠によって証明することができます。

(2) 口頭弁論調書は書記官が作成し裁判官の認印（ニンインという確認印）を得て完成しますから、この口頭弁論調書の謄本（全部の写し）を入手しておく必要があります。入手方法は、書記官から交付される「民事事件記録等閲覧・謄写票」用紙に必要事項を記入して書記官又は書記官の指定する者に提出します。

　書記官が口頭弁論調書を作成して裁判官の認印を得るまでの期間は約10日間程度かかりますから、書記官に電話で完成したことを確かめてから「民事事件記録等閲覧・謄写票」を提出します。口頭弁論調書のコピーは用紙1枚につき150円と規定されていますが、実際には裁判所内のコピー機で1枚20円程度でコピーが可能です。ただ、裁判所によってコピーの手続は異なります。

　「民事事件記録等閲覧・謄写票」用紙に記入する事項は次の通りです。

① 事件番号（例えば、平成○年（ワ）第○○○号のような記載）
② 申請年月日
③ 当事者（原告と被告）の氏名
④ 閲覧等の目的（通常は「訴訟準備等」を○で囲む）
⑤ 所要見込時間（閲覧やコピーに要する見込時間）
⑥ 次回期日（決まっていない場合は空欄）
⑦ 閲覧等の部分（例えば、平成○年○月○日の期日の調書の全部）
⑧ 担当部係（例えば、地裁民事部2係）
⑨ 申請区分（閲覧、謄写、複製の該当するものを○で囲む。複製は、録音テープやビデオテープの複製をいいます）
⑩ 申請人の資格（当事者を○で囲む）
⑪ 申請人の住所・氏名・押印
⑫ 閲覧人・謄写人の氏名（通常は申請人の氏名）

(3) 口頭弁論調書と一体となっている「証人調書」や「本人調書」がある場合（証人尋問や当事者本人尋問が行われて速記録がある場合）には、これらの調書も口頭弁論調書とともに入手しておく必要があります。これらの

調書の内容は証拠となりますから、特に相手方の申請した証人の証言内容を詳細に確認して必要な反論をしておきます。

口頭弁論調書の記載内容は、期日の審理の内容により異なりますが、記載例を示すと次の通りです。

(記載例)

第5回口頭弁論調書

　　　　　　　　　　　　　　　　　　　　　　裁判長認印

事件の表示	平成○年(ワ)第○○○号
期日	平成○年○月○日午後○時○分
場所及び公開の有無	○○地方裁判所法廷で公開
裁判長裁判官	○○○○
裁判官	○○○○
裁判官	○○○○
裁判所書記官	○○○○
出頭した当事者等	原告　○○○○
	被告代理人　○○○○
指定期日	平成○年○月○日午後○時○分
	弁論の要領等

原告
　　平成○年○月○日付第5準備書面陳述
　　同準備書面第1の1に記載の「内部規則」を書証として提出する。

被告
　　平成○年○月○日付準備書面(4)陳述
　　○○○○作成の陳述書を書証として提出する。

裁判長
　　上記の陳述書の提出期限を平成○年○月○日と定める。

続行(双方　主張・立証準備)

証拠関係別紙のとおり

裁判所書記官　　○○○○　(印)

---

① 調書の表題は、上記の通り「第〇回口頭弁論調書」と記載されます。作成者は担当書記官ですが、裁判官の認印（作成名義人を示すものではない確認印）が押印されています。弁論準備手続期日の場合は「第〇回弁論準備手続調書」と記載されます。

② 口頭弁論期日に証人尋問や当事者本人尋問があった場合は、「証人調書」や「本人調書」が別冊になっていますから、これらの謄本（全部の写し）の交付を受けるように「民事事件記録等閲覧・謄写票」用紙に記入します。

③ 上記の記載例の「証拠関係別紙のとおり」とは、証拠に関する「書証目録」や「証人等目録」が別紙になっていることを意味します。これらの目録の謄本を請求する場合も「民事事件記録等閲覧・謄写票」用紙に記入します。

　(a) 書証目録とは、甲号証（原告の提出した書証）と乙号証（被告の提出した書証）の各書証について、書証の表題（標目）、どの期日で提出し陳述したのか、書証の成立の認否について書記官が記録した一覧表をいいます。原告提出分と被告提出分に分かれています。

　(b) 証人等目録とは、申出のあった証人や当事者本人の表示、申出の期日、採否の裁判の結果、証拠調べの実施期日その他について書記官が記録した一覧表をいいます。原告申出分と被告申出分に分かれています。

6　書記官作成の調書の記載についての異議申立

(1) 裁判所の書記官は、期日ごとに口頭弁論調書その他の期日の調書を作成しますが、その調書の記載に誤りがあった場合は、「調書の記載に対する異議申立書」を提出しておく必要があります。調書の記載について当事者その他の関係人が異議を述べた場合は、書記官は、調書にその旨を記載する必要があります（160条2項）。

(2) 調書の記載に対する異議申立書の書き方は決まっていませんが、準備書面の書き方に準じて次の記載例のように作成します。提出通数は1通です。

（記載例）

```
平成○年（ワ）第○○○号　損害賠償請求事件
原告　○○○○
被告　○○○○
            調書の記載に対する異議申立書
                                    平成○年○月○日
○○地方裁判所　御中
                          原告　　○○○○　　（印）
頭書事件について、原告は、下記の口頭弁論調書の記載について異議を
申し立てる。
                    記
1　第6回口頭弁論調書2頁記載の「30万円」は誤りであり、原告
  は「50万円」と陳述したので訂正を申し立てる。
2　第6回口頭弁論調書と一体となる証人○○○○の証人調書には、
  同証人が「……」と供述をした事実の記載がないので、これを補充
  するよう申し立てる。
                                              以上
```

① この異議申立書は、次回の期日までに提出します。異議申立書が提出されると、書記官は、異議の対象となった調書の末尾に申立人と異議事項を付記します。

② 異議申立の事実が調書に記載されても、調書の効力には影響はありませんが、異議申立の記載の評価は裁判所に委ねられるので、その異議が調書の記載の信用性に影響を与える可能性があります。ただ、実務では、明白な誤記は職権で訂正されます。

Q23 争点や証拠の整理手続には、どんなものがありますか

1　争点や証拠の整理手続の種類

当事者（原告と被告）の主張に争いのある点（争点）やその争点の主張事実を証明するための証拠を整理するための手続として、通常の口頭弁論のほかに、①弁論準備手続、②準備的口頭弁論、③書面による準備手続があります。よく用いられるのは①の弁論準備手続です。

① 弁論準備手続とは、裁判所が争点や証拠の整理に必要があると認めた場合に各当事者の意見を聴いて原則として非公開で行う口頭弁論の準備の手続をいいます。

② 準備的口頭弁論とは、争点や証拠の整理を目的とする口頭弁論であって、公開の法廷で行われる口頭弁論の準備の手続をいいます。

③ 書面による準備手続とは、当事者が遠隔地に居住している場合に当事者の出頭なしに書面によって争点や証拠の整理をする口頭弁論の準備の手続をいいます。

2　弁論準備手続

(1)　弁論準備手続は、裁判所が争点や証拠の整理を行うため必要があると認めた場合に、各当事者の意見を聴いて裁判所の決定（口頭弁論を経ない裁判所の裁判）により、口頭弁論とは異なる公開を必要としない期日に行います（168条）。当事者の意見を聴くことは必要ですが、当事者の同意権（拒否権）までは認められていません。

弁論準備手続は、当事者双方が立ち会うことができる期日に行います（169条1項）。原則として非公開で行われますから、一般に法廷以外の弁論準備室とか和解室のような場所でテーブルを囲んで行われます。当事者の座る位置は書記官に確認します。

弁論準備手続の期日には、裁判所は、相当と認める者の傍聴を許す

ことができますが、不許可とされた者から不服申立はできません。しかし、当事者の申し出た者については、手続を行うのに支障を生ずるおそれがあると認める場合を除き、裁判所は、その傍聴を許す必要があります（169条2項）。

(2) 弁論準備手続の期日にできる主な行為は次の通りです（170条）。
  ① 準備書面の提出（170条1項）
  ② 証拠の申出に関する裁判（170条2項）……例えば、文書提出命令の申立に対する裁判、文書送付嘱託、調査嘱託、鑑定嘱託、証拠調べをする決定、証拠調べの申出を却下する決定
  ③ 口頭弁論の期日外でできる裁判（170条2項）……例えば、訴えの変更の許否の裁判、請求の追加の許否の裁判、補助参加の許否の裁判
  ④ 文書・写真・録音テープ・ビデオテープ等の証拠調べ（170条2項）
  ⑤ その他の行為（170条5項）……例えば、裁判長の訴訟指揮権、釈明処分

(3) 裁判所は、当事者が遠隔地に居住している場合その他相当と認める場合は、当事者の一方が裁判所に出頭した場合に限り、当事者の意見を聴いて電話会議システム（最高裁判所規則で定める裁判所と当事者双方が音声の送受信により同時に通話をすることができる方法）によって弁論準備手続の期日における手続を行うことができます（170条3項）。この場合、弁論準備手続の期日に出頭しないで、電話によりその手続に関与した当事者は、その期日に出頭したものとみなされます（170条4項）。
　この電話会議システムによる手続を行う場合は、裁判所又は受命裁判官は、通話者と通話先の場所を確認する必要があります（規則88条2項）。

(4) 裁判所は、受命裁判官（裁判長の指示により訴訟行為をする合議体の裁判官）に弁論準備手続を行わせることができます（171条1項）。受命裁判官によって弁論準備手続を行う場合は、原則として裁判所及び裁判長の職務は受命裁判官が行います（171条2項）。
　裁判所は、相当と認める場合は、当事者の申立により又は裁判所の

職権で、弁論準備手続に付する裁判を取り消すことができます。ただし、当事者双方の申立がある場合には、これを取り消す必要があります（172条）。

当事者は、口頭弁論において、弁論準備手続の結果を陳述する必要があります（173条）。民事訴訟の基本ルールである直接主義・公開主義の要請から口頭弁論において弁論準備手続の結果を陳述させることにしたものです。

3 準備的口頭弁論

(1) 準備的口頭弁論の手続は、本来の口頭弁論の準備段階で、裁判所が争点及び証拠の整理を行うため必要があると認めた場合に裁判所の裁量で決定により公開の法廷で行われます（164条）。準備的口頭弁論の期日には、口頭弁論の期日に行うことができることで、争点や証拠の整理に関することは、すべて行うことができます。民事訴訟の基本ルールである公開主義・直接主義が適用され、証拠調べも行うことができます。例えば、書証の取り調べ、証人尋問、当事者本人尋問も行うことができます。

(2) 裁判所は、準備的口頭弁論の手続を終了するに当たり、その後の証拠調べにより証明すべき事実を当事者との間で確認するものとしています（165条1項）。

裁判長は、相当と認める場合は、準備的口頭弁論を終了するに当たり、当事者に準備的口頭弁論における争点と証拠の整理の結果を要約した書面を提出させることができます（165条2項）。終了後は直ちに証拠調べに入るためです。

当事者が準備的口頭弁論期日に出頭せず、又は裁判長の指定した期間内に準備書面の提出や証拠の申出をしない場合は、裁判所は、準備的口頭弁論を終了することができます（166条）。

4 書面による準備手続

(1) 書面による準備手続とは、当事者の出頭なしに準備書面の提出等により争点や証拠の整理をする手続をいいます。裁判所は、当事者が遠隔地

に居住している場合その他相当と認める場合は、当事者の意見を聴いて、事件を書面による準備手続に付することができます（175条）。書面による準備手続は、裁判長（高裁では受命裁判官でもよい）が主宰して行いますが（176条1項）、裁判長等は準備書面の提出期限を指定する必要があります（176条2項）。裁判長等は、必要があると認める場合は電話会議システムを利用して争点や証拠の整理に関する事項その他口頭弁論の準備に必要な事項について、当事者双方と協議をすることができます（176条3項）。

(2)　裁判所は、書面による準備手続の終結後の口頭弁論期日において、その後の証拠調べによって証明すべき事実を当事者との間で確認をします（177条）。書面による準備手続は、口頭弁論期日外の手続であり、提出した準備書面は将来の口頭弁論期日での陳述を必要とします。

第6章●
証拠調べの手続

Q24 証拠調べとは、どういうことですか

1 証拠調べとは

(1) 証拠調べとは、裁判所が、事実の真否を判断するために①物的証拠（文書その他の物）や②人的証拠（証人、当事者本人、鑑定人）を取り調べて証拠資料（証拠調べにより得た資料）を得る行為をいいます。この場合の物的証拠（物証）と人的証拠（人証）を併せて証拠方法といいます。

証拠という用語は、次の①証拠方法、②証拠資料、③証拠原因の意味に用いられ場合があります。

① 証拠方法とは、五官（目、耳、鼻、舌、皮膚）の作用によって取り調べられる有形物で、(a)物的証拠として文書・検証物があり、(b)人的証拠として証人・当事者本人・鑑定人があります。
② 証拠資料とは、証拠方法を取り調べて得られた内容をいい、(a)物的証拠の文書の内容、検証物の検証結果、(b)証人の証言、当事者本人の供述、鑑定人の鑑定意見があります。
③ 証拠原因とは、裁判官の心証形成の原因となった資料をいい、(a)証拠調べの結果、(b)口頭弁論の全趣旨があります（247条）。

証拠方法	証拠調べ	証拠資料	証拠原因
① 文書	書証	文書の内容	証拠調べの結果
② 検証物	検証	検証の結果	証拠調べの結果
③ 証人	証人尋問	証言	証拠調べの結果
④ 当事者本人	本人尋問	本人の供述	証拠調べの結果
⑤ 鑑定人	鑑定	鑑定意見	証拠調べの結果

（証拠原因は、上記の証拠調べの結果のほか口頭弁論の全趣旨がある）

(2) 証拠調べの手続は、①証拠の申出、②証拠の採否の決定、③証拠の取

り調べの順序で進行します。

① 証拠の申出とは、各当事者が裁判所に対して、特定の証拠方法の取り調べを要求する申立をいいます。事実の主張や証拠の提出を当事者の提出したものに限られるとする民事訴訟の弁論主義の原則から、証拠調べは、証拠の申出のなされたものに限られますが、例外として、裁判所の管轄（14条）、調査の嘱託（186条）、当事者本人尋問（207条）等については裁判所が職権で証拠調べをすることができます。

② 証拠の採否の決定とは、証拠の申出があった場合に、これを採用して取り調べるか否かを裁判所が判断することをいいます。裁判所は、当事者が申し出た証拠で必要でないと認めるものは、取り調べることを要しないとしています（181条1項）。証拠の採否を決定する判断（証拠の申出を却下する決定と認容する決定）を証拠決定といいます。証拠決定は訴訟指揮に関する裁判ですから、いつでも取消や変更ができます（120条）。証拠の採否は、裁判官の自由な判断に委ねる自由心証主義によることとされています。

③ 証拠の取り調べは、裁判所によって採用された証拠方法を法定の手続によって裁判官の職権により進められます。これを職権進行主義といいます。証拠調べによって得た資料（証拠資料）によって裁判官が事実認定をする際には自由心証主義によることとされています。自由心証主義とは、裁判における事実の認定を裁判官の自由な評価に委ねる建前をいいます。裁判官が判断を誤る最大の原因は事実認定の誤りにありますが、それは自由心証主義と裁判官の能力不足によるものです。

(3) 民事訴訟の手続は、大別すると、①申立、②主張、③立証（証拠調べ）の3段階になりますが、各段階の中で③立証（証拠調べ）の段階が最も重要です。各当事者は当然に自分に有利な事実を主張しますが、どんな事実の主張も立証できなければ意味がないからです。ただ、どんな確実な証拠があっても、裁判官が「信じられない！」と言えば、それまでで、確実な証拠があっても裁判の結論は予測できないのです。ここに裁判の恐怖があります。

2　証拠の申出と証拠の採否

(1)　証拠の申出は、証明すべき事実を特定して行う必要があります（180条1項）。証明すべき事実とは、取り調べを求める特定の証拠方法（物証や人証）によって証明される具体的事実をいいます。例えば、貸金返還請求訴訟での金銭の授受のような事実をいいます。

　証拠の申出は、証明すべき事実及びこれと証拠との関係を具体的に明示してする必要があります（規則99条1項）。証拠の申出は、一般原則では口頭又は書面で行うことができますが（規則1条）、実務では、「証拠申出書」という書面を裁判所に提出し相手方に直送します（99条2項）。証拠の申出は期日前（次回期日の前）においてもすることができます（180条2項）。

(2)　証拠の申出をしても、裁判所が証拠調べに着手するまでは、申出人は、証拠の申出を撤回することができます。しかし、裁判所により証拠調べが開始されると、「証拠共通の原則」から、相手方に有利な証拠資料が得られる可能性があるので、相手方の同意がなければ証拠の申出を撤回することはできません。証拠調べの終了後は、裁判官がすでに心証を得ているので撤回をすることはできません。
(a)　証拠調べの開始前……自由に撤回できる。
(b)　証拠調べの開始後……相手方の同意がなければ撤回できない。
(c)　証拠調べの終了後……相手方の同意があっても撤回できない。
　上記の「証拠共通の原則」とは、裁判所は一方の当事者が提出した証拠を他方の当事者に有利な事実認定に用いることも許されるとする原則をいいます。

(3)　証拠の申出の採否については、裁判所は、当事者が申し出た証拠で必要でないと認めるものは、取り調べることを要しないとして裁判所の裁量によって採否を決定することとしています（181条1項）。証拠の採否（証拠決定）には、①却下決定（証拠の申出を不適法又は不必要として排斥する決定）と、②証拠調べ決定（証拠の申出を認容する決定）とがあります。

ただ、実務では、証拠決定を明示せずに、証拠調べをする場合もあります。証拠の採否の決定は、裁判所の裁量に委ねられていますが、却下決定をするには、合理的な理由が必要となります。

　証拠調べについて、不定期間の障害がある場合は、裁判所は、証拠調べをしないことができます（181条2項）。「不定期間の障害がある場合」とは、例えば、証人が行方不明で、いつまで待てば取り調べができるようになるのかが分からないような場合をいいます。

　当事者が申し出た証拠がその当事者にとって「唯一の証拠方法」である場合には、裁判所は、その証拠方法を必ず取り調べる必要があります。これは判例の示した理論で、裁判所自ら立証の道を閉ざしておいて立証のないことを責めるのは公平を欠くことになるからです。ただし、唯一の証拠方法であっても、例えば、次の場合には取り調べる必要はないと解されています。

① 争点の判断に不必要な証拠方法である場合
② 証拠調べの費用の予納のない場合
③ 証拠の申出が不適法な場合（例えば、時機に遅れた申出）
④ 証拠調べに不定期間の障害がある場合（例えば、証人の行方不明）
⑤ 証明を必要としない場合

3　証拠の種類（直接証拠と間接証拠、本証と反証）

(1)　**直接証拠**とは、争われている主要事実（要件事実）の存否を直接証明するための証拠をいいます。主要事実とは、権利の発生・変更・消滅という法律効果の発生に直接必要な事実をいいます。例えば、弁済の事実を証明するための領収証、契約の存在を証明する契約書があります。

　間接証拠とは、主要事実（法律効果の判断に直接必要な事実）の証明に間接的に役立つ間接事実や補助事実を証明するための証拠をいいます。間接事実とは、主要事実の存否を経験上推認させるのに役立つ事実をいいます。例えば、貸金返還請求訴訟で貸金を交付したとする日は海外にいた事実（アリバイ）をいいます。補助事実とは、証拠の証拠能力や証拠力を明らかにするための事実をいいます。例えば、証人の記憶力とか証人の性格があります。証拠能力とは、証拠方法として用いられる適格を

いいます。証拠力とは、証拠資料が立証事項の認定に役立つ効果をいいます。

(2) **本証**とは、証明責任を負う当事者が自分に証明責任のある主要事実（要証事実）を証明するために提出する証拠をいいます。証明責任（立証責任、挙証責任）とは、ある事実が真偽不明の場合に、その事実を要件とする自分に有利な法律効果の発生が認められなくなる不利益をいいます。例えば、貸金返還請求訴訟で原告が提出する(a)金銭の授受を証明する被告の受領証、(b)返還の合意内容を証明する原告と被告の間の契約書があります。本証においては、当事者は主要事実（要証事実）の存在を裁判官に確信させる程度にまで証明を尽くす必要があります。

反証とは、証明責任を負わない当事者が提出する証拠をいいます。反証においては、当事者は主要事実についての本証による裁判官の確信を動揺させて真偽不明の状態にすれば目的を達します。

4　証明と疎明、厳格な証明と自由な証明

(1) **証明**とは、(a)ある事実の存否について裁判官が確信を得た状態、又は(b)裁判官に確信を得させようとする当事者の立証活動をいいます。確信とは、ある事実の存否について合理的な疑いの余地のない程度の心証をいいます。裁判における事実認定は、判断者である裁判官が直接体験していない事実について制約された資料にもとづいて判断することから自然科学のような絶対的真実を究明することは不可能であるので、訴訟上の証明は歴史的証明（相対的真実）で満足するほかないとされています。請求の当否を理由付ける事実の認定には証明が要求されます。

疎明（そめい）とは、(a)裁判官の心証が確信の程度にまでは達しないものの一応確からしいという認識を得た状態、又は(b)一応確からしいとの認識を裁判官に得させようとする当事者の立証活動をいいます。疎明が許されるのは、明文の規定のある場合に限られます。例えば、①裁判官の除斥や忌避の原因についての疎明（規則10条3項）、②補助参加についての異議があった場合の補助参加人の参加の理由の疎明（44条1項）があります。

(2) **厳格な証明**とは、民事訴訟法に規定する法定の証拠調べ手続によって行う証明をいいます。原告の請求の当否を理由づける事実の認定は、厳格な証明による必要があります。

　自由な証明とは、民事訴訟法に規定する法定の証拠調べ手続によらないで行う証明をいいます。自由な証明は、適宜の証拠により適宜の証拠調べ手続により行われますが、自由な証明であっても、裁判官が確信を得た状態にならなければその目的を達しないので、疎明とは異なります。例えば、文書の成立（228条1項）があります。

5　証明責任と自由心証主義

(1)　証拠調べをしても、主要事実（権利の発生・変更・消滅という法律効果の発生に直接必要な事実）の真偽が不明で裁判官が確信を持つに至らない場合がありますが、真偽不明の場合でも裁判官は裁判を拒否することはできませんから、真偽不明の場合にも裁判を可能にする方法を決めておく必要があります。ある主要事実が真偽不明の場合にその主要事実を要件とした法律効果の発生が認められなくなる当事者の不利益を「証明責任」といいますが、証明責任をいずれか一方の当事者に負わせることによって真偽不明の場合にも裁判を可能にしているのです。

　証明責任の対象となる事実は、主要事実に限られます。証明責任を負うのは当事者の一方のみであって、当事者の双方が証明責任を負うことはありません。証明責任をいずれの当事者が負うのかについては、法律の規定により、あらかじめ当事者の一方に客観的に分配されているのです。

(2)　証明責任は、証拠調べが終わった段階で主要事実が真偽不明の場合に証明しなかったことにより不利益を受ける結果責任ですから、裁判官の自由心証によって事実の真偽が確定できれば登場しないものであり、自由心証主義の機能が尽きた場合に初めて機能するものです。自由心証主義とは、裁判所が証拠にもとづいて事実認定をするに際して、証拠の信用性の評価を裁判官の自由な判断に委ねる立場をいいます。

　自由心証主義のもとでは、裁判所は、判決をするに当たり、①口頭

弁論の全趣旨と、②証拠調べの結果を斟酌(しんしゃく)して、自由な心証により、事実についての主張を真実と認めるか否かを判断することとしています（247条）。「口頭弁論の全趣旨」とは、証拠調べの結果以外の訴訟の審理の過程において現われた一切の模様や状況をいいます。口頭弁論の全趣旨により心証の形成ができた場合は証拠調べは不要であり、証拠調べをしても証拠調べの結果より口頭弁論の全趣旨を重視して判決をしてもよいと解されています。

　しかし、自由心証主義といえども、経験則（経験から得られた知識や法則）を無視した恣意的な事実認定は許されません。経験則とは、例えば、①道路が濡れているのを見て、直前に雨が降ったと判断する場合、②川の水は高地から低地にながれるという自然法則があります。

6　自由心証主義と証拠力、証拠能力

(1)　自由心証主義は、事実認定の基本原則であり、裁判官は、証拠方法（物証・人証）を制限せず、証拠力（証拠価値）の判定を裁判官の自由な判断に委ねています。証拠力（証拠価値）とは、証拠方法を取り調べて得られた証拠資料が事実の認定に役立つ程度をいいます。民事訴訟では、証拠力（証拠価値）については法定されておらず自由心証主義によります。

　証拠力は、形式的証拠力と実質的証拠力に分けられる場合があり、文書については、その成立の真正（文書作成者とされている者が作成したこと・形式的証明力）が証明された後に、その文書の記載内容が事実認定に役立つ効果の程度（実質的証明力）が判断されます。

(2)　証拠能力とは、有形物（物証・人証）が証拠方法として用いられる資格をいいます。民事訴訟では、原則として証拠方法は制限されていません。ただ、例外として、例えば、(a)当事者とその法定代理人には証人能力はありませんし（207条、211条）、(b)手形訴訟では人証に証拠能力はありません（352条1項）。

Q25 証明をする対象は、何ですか

1 証明の対象となる事項

(1) 裁判をするには、①まず具体的事実を認定し、②その事実に法規を適用しますが、③具体的事実の認定には経験則が必要となります。つまり、裁判をするのに必要な事項には、①事実（主要事実、間接事実、補助事実）、②法規（法律、条例、慣習法）、③経験則（経験から導き出された知識や法則）があります。

証明の対象となる事項には、①事実のうち当事者間に争いのある事実、②法規のうち外国法、条例、慣習法、③経験則のうち高度の専門的知識があります。

(2) 証明の必要のない事項と証明の必要な事項は、次の通りです。
① 事実
(a) 証明の必要のない事実（不要証事実）として
ア 当事者間に争いのない事実（裁判上の自白と擬制自白）
イ 顕著な事実（公知の事実と職務上顕著な事実）
(b) 証明の必要な事実は、争いのある主要事実その他
② 法規
(a) 原則として証明の必要はない（不要証事項・裁判官の職責）
(b) 例外として外国法、自治体の条例、慣習法は証明の必要がある
③ 経験則
(a) 原則として証明の必要はない（不要証事項）
(b) 例外として高度の専門的知識（要証事項）は証明の必要がある

2 証明の必要な事実（要証事実）

(1) 判決をするに当たっては、審判の対象（訴訟物）である権利の存否の

判断が必要になりますから、当事者は、権利の発生・変更・消滅という法律効果の発生に直接必要な主要事実（要件事実・直接事実）を証明する必要があります。

民事訴訟の審理は、審判の対象（訴訟物）である権利の存否を判断するのに直接必要な主要事実の存否に標的が定められ、証明は主要事実を中心に行われます。

弁論主義（判決の基礎となる事実と証拠は当事者の提出したものに限られるとする民事訴訟手続の原則）の妥当する民事訴訟では、①当事者の主張しない主要事実は、訴訟資料（審判の資料）として判決の基礎とすることはできないので証明の対象とはならないし、②当事者間に争いのない事実も証明の対象とはなりません。③当事者間に争いのある事実でも裁判所に顕著な事実（公知の事実その他）は証明の対象とはなりません。

(2) 間接事実（主要事実の存否を推認する事実）からの推論によって主要事実を証明する場合には、そのために必要な限度で間接事実も証明の対象となります。補助事実（証拠能力や証拠力に関する事実）も、主要事実を証明するための証拠の証拠能力（証拠として用いられる資格）や証拠力（証拠の価値）を明らかにする限度で証明の対象となります。

　　A　間接事実（主要事実の存否を推認する事実）は間接証拠により証明する（例えば、貸金返還請求訴訟で被告が金策に窮していた事実を証言により証明する場合）
　　B　補助事実（証拠の価値に関する事実）は間接証拠により証明する（例えば、証人の性格を証言で証明する場合）
　　C　主要事実（法規に規定する要件に該当する事実）は直接証拠により証明する（例えば、貸金返還請求訴訟で貸金の授受を領収書で証明する場合）

(3) 法規の存在や解釈は裁判官の職責ですから、当事者は、法規の存在や解釈について証明をする必要はありませんが、例外として、外国法、自治体の議会の制定する条例、慣習法のような特殊な法規は裁判官が知ら

ないこともあるので、それらを主張する者が、その存在や内容を証明する必要があります。

　経験則についても、一般常識に属する経験則（例えば、道路が濡れているのを見て「雨が降った」と判断する場合）については証拠による証明をする必要はありませんが、高度の医学的知識のような専門的知識については証拠による証明が必要となりますから証拠調べの鑑定が必要になります。

3　証明の必要のない事実（不要証事実）

(1)　証明の必要のない事実（不要証事実）には次の事実があります。
　① 口頭弁論に現れない事実（当事者が主張しない事実）
　② 当事者間に争いのない事実（裁判所において自白した事実）
　③ 裁判所に顕著な事実（公知の事実と職務上顕著な事実）
　④ 法律上の推定や擬制のある事実

(2)　口頭弁論に現れない事実（当事者が主張しない事実）は、弁論主義のもとでは、当事者の主張のない限りその主要事実（法規の定める要件に該当する事実）を判決の基礎とすることはできないので、証明をする必要はありません。ただ、間接事実（主要事実の存否を推認させる事実）や補助事実（証拠価値に関する事実）は、主要事実の存否を明らかにする限度で証明の対象となるに過ぎません（前項2の(2)参照）。

(3)　当事者間に争いのない事実は、弁論主義のもとでは、そのまま判決の基礎とする必要がありますから、証明の対象とはなりません。裁判所において当事者が自白した事実（裁判上の自白）は証明の必要はないのです（179条）。自白とは、相手方の主張する自分に不利益な事実を認める陳述をいいます。自分に不利益な事実とは、相手方が証明責任を負う事実をいいます。

　裁判上の自白が成立すると、自白した事実については証明することを要しない事実（不要証事実）となり、裁判所と当事者を拘束します。裁判所は、自白した事実については、そのまま判決の基礎とする必要があり

ます。当事者は、自白した事実については、これに矛盾する主張はできません。裁判上の自白は、任意に撤回することはできませんが、例外的に次の場合には撤回することができます。
① 相手方の同意がある場合
② 自白が刑事上罰すべき行為にもとづく場合
③ 自白が真実に反し、かつ錯誤にもとづいてなされた場合

(4) 裁判所に顕著な事実には、①公知の事実と、②職務上顕著な事実とがあります。いずれも証明の必要はありません。
① 公知の事実とは、通常の知識・経験を有する一般人が信じて疑わない程度に知れ渡っている事実をいいます。例えば、大災害の関東大震災や歴史上有名な第二次世界大戦があった事実をいいます。しかし、公知かどうかは時と場所によって異なる場合がありますから、争いがある場合には証明が必要になります。
② 職務上顕著な事実とは、裁判官がその職務を行うことにより知った事実をいいます。例えば、他の事件について自分のした判決があります。しかし、当事者は、顕著な事実の真実性を争うことはできます。裁判官が職務を離れて知った事実は含まれません。

(5) 法律上の推定とは、法律の規定により、例えば、「Aの事実（前提事実）がある場合はBの事実（推定事実）があるものと推定する」と定めるような場合で推定事実については証明の必要がないのです。

擬制とは、法律の規定により、例えば、「当事者が口頭弁論において相手方の主張した事実を争うことを明らかにしない場合には、その事実を自白したものとみなす」と定めるような場合（159条1項の擬制自白）で擬制された事実については証明の必要がないのです。

Q26
証拠調べの申出は、どのようにするのですか

1 証拠調べの申出と弁論主義

(1) 弁論主義（判決の基礎となる事実と証拠は当事者の提出したものに限られるとする民事訴訟手続の原則）のもとでは、裁判所は、当事者間に争いのある事実を証拠によって認定する場合には、必ず当事者の申し出た証拠によらなければなりませんから、各当事者は、自分に有利な証拠の証拠調べの申出をする必要があります。しかし、例外的に裁判所の職権による証拠調べが行われる場合もあります。例えば、裁判所の管轄に関する事項（14条）、裁判所による調査の嘱託（186条）、当事者本人の尋問（207条1項）があります。

(a) 原則は、弁論主義から当事者の申出によります。

(b) 例外として、裁判所の職権による証拠調べもなされます（14条その他）

(2) 各当事者が裁判所に対して特定の証拠方法（物的証拠や人的証拠）の証拠調べを要求する申立を証拠の申出といいます。証拠の申出は、各当事者が、①証明すべき特定の事実、②特定の証拠方法（物証や人証）、③両者の関係（立証の趣旨）を具体的に明示して行う必要があります（180条1項、規則99条1項）。証拠の申出は次回の期日の前においてもすることができます（180条2項）。

証拠の申出は、書面又は口頭ですることができますが（規則1条1項）、実務では、一般に「証拠申出書」という書面を裁判所に提出し相手方に直送します。しかし、証拠方法の種類によって申出方法が異なる場合があります。証拠調べに要する費用（例えば、証人の交通費や日当）について裁判所に予納する必要があります。

証拠調べの手続は、次の通り、①証拠の申出、②証拠の採否、③証拠

の取り調べの順序で行われますが、その手続のルールは次のようになっています。

① 証拠の申出……弁論主義（判決の基礎となる事実と証拠は、当事者の提出したものに限られるとする主義）によります。
② 証拠の採否……自由心証主義（裁判官の自由な心証に委ねる建前）によります。
③ 証拠の取り調べ……職権進行主義（裁判所の職権で進行する建前）によります。
④ 事実の認定……自由心証主義（裁判官の自由な心証に委ねる建前）によります。

2 証拠の採否

(1) 証拠調べの申出がなされた場合に、これを採用して証拠調べをするか否かは裁判所の自由な裁量による判断に委ねられます（181条1項）。証拠の採否の決定を証拠決定といいますが、証拠決定には、①取り調べをする旨の証拠調べ決定と、②申出を排斥する旨の証拠却下決定とがあります。民事訴訟では、証拠の評価を裁判官の自由な判断に委ねる自由心証主義を採用していますから（247条）、証拠調べの申出の採否も原則として裁判官の自由な裁量に委ねられているのです。しかし、裁判所は、当事者が申し出た証拠調べの申出を却下する場合には合理的な理由が必要です。例えば、証人の行方不明のような不定期間の障害がある場合には証人尋問の申出が却下されます。

(2) 裁判所が証拠調べを要しない場合として次の場合があります。
① 裁判所は、当事者が申し出た証拠で必要でないと認めるものは、取り調べることを要しないとしています（181条1項）。例えば、(a)申し出た証明すべき事実が証明の必要のない事実（不要証事実）である場合、(b)主要事実と無関係の場合、(c)裁判所が既に心証を得ている場合があります。

当事者の申し出た証拠が「唯一の証拠方法」である場合は、これを取り調べる必要があり証拠の申出を却下することはできないと解さ

れています。唯一の証拠方法を取り調べずに主張を排斥するのは当事者の公平を損ない双方審尋主義に反するからです。しかし、この場合でも、例外として、例えば、(a)当事者が費用の予納をしなかった場合、(b)唯一の証拠方法である当事者本人が何らの理由もなく期日に出頭しなかった場合、(c)呼出状が送達できず不定期間（定まっていない期間）の障害があると認められる場合には、取り調べることを要しないとされています。

② 取り調べについて不定期間（定まっていない期間）の障害がある場合は、裁判所は、証拠調べをしないことができます（181条2項）。例えば、(a)証人が行方不明の場合、(b)書証を紛失している場合、(c)当事者本人が尋問の呼出しに応じない場合があります。

③ 当事者が故意又は重大な過失により時機に後れて提出した証拠調べの申出（攻撃又は防御の方法）については、これにより訴訟の完結を遅延させることとなると認めた場合は、裁判所は、当事者の申立により又は裁判所の職権で、却下の決定をすることができます（157条1項）。

④ 証人尋問の申出に際して証人の旅費・宿泊料その他の必要な費用を裁判所に予納しない場合や鑑定の申出に際して鑑定料を裁判所に予納しない場合には、不適法な証拠調べの申出として却下されます。

3 証拠の取り調べ

(1) 裁判所によって採用された証拠（物証や人証）の取り調べ手続は、裁判所の職権によって進められます。このことを職権進行主義といいます。裁判長は訴訟指揮権を持つことから（148条）証拠調べの手続の進行も裁判所に委ねられているのです。例えば、(a)証人尋問や当事者本人尋問の期日の指定（93条1項）、(b)証人への期日の呼出し（94条1項）、(c)裁判長の釈明権の行使（149条1項）は職権進行主義によります。

(2) 証人と当事者本人の尋問は、できる限り、争点と証拠の整理が終了した後に集中して行う必要があります（182条）。これを集中証拠調べといいます。しかし、実務では、口頭弁論と証拠調べ手続との間に明確な区別を設けていないので、口頭弁論期日に必要に応じて証拠調べ手続がで

きる主義（証拠結合主義）を採っています。

　証拠の取り調べは、直接審理主義（証拠調べは判決をする裁判官が自ら直接行う原則）を採用していることから、証拠調べは受訴裁判所（審理をしている裁判所）が直接法廷で行うのが原則です（249条1項）。例えば、①単独の裁判官が代わった場合や合議体の裁判官の過半数が代わった場合において、その前に尋問した証人について、当事者が更に尋問の申出をした場合は、裁判所は、その尋問をする必要があるとしています（249条3項）。②裁判官が転勤その他の理由で代わった場合には、当事者は、従前の口頭弁論の結果を陳述する必要があります（249条2項）。これを弁論の更新といい、訴訟経済の観点から訴訟を最初からやり直すことを避けたものです。しかし、直接審理主義の例外として、例えば、①受命裁判官（裁判長から指定された合議体の裁判官）又は受託裁判官（他の裁判所の裁判官）による裁判所外での証人尋問（195条）、②外国での証拠調べ（184条）があります。

(3)　各当事者には証拠調べに立ち会い、自ら証拠調べを行い、証拠に関する主張をする権利があります。これを当事者の立会権といいます。証拠調べの期日には、申立人と相手方を呼び出す必要がありますが、急速を要する場合は除かれます（240条）。ただ、証拠調べは、当事者が期日に出頭しない場合でも行うことができます（183条）。

　証拠調べの期日ごとに裁判所の書記官は調書を作成する必要がありますが（160条1項）、その調書には証拠調べの経過と結果の要点を記載する必要があります（規則67条）。例えば、①証人尋問については速記録を含んだ「証人調書」が作成されます。②当事者本人尋問については速記録を含んだ「本人調書」が作成されます。

Q27
書証の証拠の申出と取り調べ手続は、どのようにするのですか

1 書証とは

(1) 書証とは、文書に記載された意味内容を証拠資料（証拠調べにより得た資料）とする証拠調べをいいます。証拠調べの対象となる文書自体を意味する場合もあります。文書とは、文字その他の記号を用いて意味を表現した紙その他の有体物をいいます。

　文書の証拠調べであっても、①その文書の意味内容を証拠調べの対象とする場合は「書証」となりますが、②文書の形状、紙質その他の物としての性質を証拠調べの対象とする場合は「鑑定」となります。

(2) 文書の種類は、次のように①公文書、私文書、②原本、正本、副本、謄本、抄本、③処分証書、報告証書に区別されます。
　① 公文書、私文書の区別は、(a)公文書とは、公務員がその権限にもとづき職務上作成した文書をいいます。(b)私文書とは、公文書以外の文書をいいます。
　② 原本、正本、副本、謄本、抄本の区別は次の通りです。
　　(a) 原本とは、作成者が作った元の文書をいいます。
　　(b) 正本とは、原本と同一効力を持たせるために権限を有する公務員その他の者が作成した原本の写しをいいます。
　　(c) 副本とは、原本の一種で当初から原本と同一内容で同一の効力を有するものとして作成された文書をいいます。
　　(d) 謄本とは、原本の内容全部をそのまま写したものをいいます。
　　(e) 抄本とは、原本の一部のみを写したものをいいます。
　民事訴訟で裁判所に提出し相手方に直送する文書（書証）は写し（コピー）ですが、証拠となるのは原本（写しの元の文書）ですから、裁判官や相手方から原本の提示を求められた場合には原本を提示する必要があ

ります。この場合の原本とは、写しの元の文書の意味ですから、原本が写し（コピー）の場合もあります。例えば、自治体の情報公開条例によって取得した公文書の写しを書証とする場合は、その公文書の写しが原本となりますから、その原本の写しを書証として提出します。原本が写し（コピー）かどうかが分かるように「証拠説明書」に記載します。
③　処分証書、報告証書の区別は、次の通りです。
　(a)　処分証書とは、法律行為（意思表示）がその書面によってなされている文書をいいます。例えば、遺言書、売買契約書その他の契約書があります。
　(b)　報告証書とは、作成者の経験した事実や意見・見解を述べる文書をいいます。例えば、日記、領収書、診断書があります。

(3)　書証は、文書に記載された意味内容を証拠資料（証拠調べにより得た資料）とする証拠調べですから、その証拠力（証拠資料が事実認定に役立つ証拠価値）の判断に当たっては、先ず文書の提出者（挙証者）が主張する作成者によって真実作成されたものか否かを確認する必要があります（228条1項）。文書は、その提出者（挙証者）が作成者とされている者が真実作成したことを証明する必要があるのです。これが証明された場合は、文書の成立の真正が証明されますから、その文書の形式的証拠力が認められます。実務上は、書証の成立の認否について答弁書や準備書面に記載して提出しますが、記載のない場合には裁判官から口頭で書証の成立の認否を質問される場合があります。書証の成立を認めたとしても、書証の記載内容を認めるか否かとは無関係なのです。
　　次に書証の成立の真正が認められた場合に、真正に成立した文書が証明を必要とする事実の証明にどれだけ役立つかを文書の実質的証拠力といいます。文書の記載内容が真実であるか否かは裁判官の自由心証によって決まります。

(4)　文書の成立（文書の作成名義人の意思に基づいて作成されたこと）についての証拠法則が次のように規定されています（228条）。
　①　文書は、その成立が真正であること（作成名義人の意思により作成さ

れたこと）を提出者（挙証者）が証明する必要があります（228条1項）。
② 文書は、その形式や記載内容から公務員が職務上作成したものと分かる場合は、真正に成立した（公務員が作成した）公文書と推定されます（228条2項）。推定されるに過ぎないので反証が許されます。成立が推定されるだけですから、記載内容が真実であることまで推定されるものではありません。
③ 公文書の成立の真否について疑いがある場合は、裁判所は、その職権で、その官庁（国の機関）又は公署（自治体の機関）に照会をすることができます（228条3項）。公文書とは、公務員がその権限に基づき職務上作成した文書をいいます。公文書以外の文書を私文書といいます。
④ 私文書は、作成者本人又はその代理人の署名又は押印がある場合は、真正に成立したものと推定されます（228条4項）。この場合も推定に過ぎませんから、相手方には反証が許されます。
⑤ 外国の公文書の成立についても上記の②と③の規定は準用されます。

(5) 自由心証主義（裁判での事実の認定を裁判官の自由な評価に委ねる主義）のもとでは、原則として証拠の証拠能力（証拠方法として用いられる資格）のない文書は存在しないことになります。ただし、例外として、違法に収集した証拠（例えば、盗んで来た文書、盗聴した録音テープ）には証拠能力が認められない場合があります。

　図面、写真、録音テープ、ビデオテープその他の情報を表すために作成された物件で、文書でないものについても書証の規定が準用されます（231条）。これらの物件を準文書といいます。準文書の例には、これらのほかにフロッピーディスク、USBメモリー、SDメモリカード、コンピュータ用磁気テープがあります。

2　書証の申出
(1) 文書に対する証拠調べは、各当事者（挙証者）が裁判所に書証（証拠）の申出をすることによって開始します。書証の申出の方法には次の3種類があります。

①　自分が所持する文書は、その文書を裁判所に提出します（219条）。
②　相手方又は第三者が所持する文書では、その文書の所持者が文書提出義務を負う場合には、文書提出命令の申立をします（219条）。
③　文書提出義務がない場合でも、文書の所持者の協力が得られる見込みのある場合は、文書の所持者に対してその文書の送付を嘱託（依頼）することを求める申立をします（226条）。この制度を文書送付嘱託といいます。
　上記の文書提出義務がある場合の主な例は次の通りです。
　ア　当事者が訴訟で引用した文書を自ら所持する場合（220条1号）
　イ　挙証者が文書の所持者に対しその引渡又は閲覧を求めることができる場合（220条2号）
　ウ　文書が挙証者の利益のために作成され、又は挙証者と文書の所持者との間の法律関係について作成された場合（220条3号）

(2)　上記の(1)の①は自分が文書を所持する場合であり、②と③は自分が文書を所持していない場合ですが、いずれの書証の申出も口頭弁論期日の前に行うことができます。

書証の申出の方法（3種類）
①　自分の所持する文書の提出（219条）
②　文書提出命令の申立（219条）
③　文書送付嘱託の申立（226条）

　いずれの文書の提出（書証の提出と文書提出命令による提出）又は文書送付嘱託による送付は、①原本、②正本又は③認証のある謄本（例えば、公務員の証明する戸籍謄本）でする必要があります（規則143条1項）。しかし、正本や認証謄本では不明瞭である場合には、裁判所は、原本の提出を命じ又は送付させることができます（規則143条2項）。
　録音テープ等を反訳（書面にすること）した文書を提出して書証の申出をした当事者は、相手方がその録音テープ等の複製物の交付を求めた場合には、相手方にこれを交付する必要があります（規則144条）。

3　自分の所持する文書の提出

(1) 自分の所持する文書を提出して書証の申出をする場合は、その申出をする時までに、その文書の写し2通を裁判所に提出するとともに、文書の記載から明らかな場合を除き、①文書の標目（表題）、②作成者、③立証趣旨を明らかにした「証拠説明書」2通を裁判所に提出する必要があります。ただし、提出通数は、相手方の数が2以上の場合は、相手方の数に1を加えた通数となります。証拠説明書は、やむを得ない事由がある場合は、裁判長の定める期間内に提出すれば足ります（規則137条1項）。

　自分の所持する文書を提出して書証の申出をする当事者は、相手方に文書の写しや証拠説明書を直送することができます（規則137条2項）。相手方に直送した場合は、裁判所には文書写しと証拠説明書の各1通を提出します。相手方への直送を原則としなかった理由は、書証には種々の形態がありFAX送信には不適当な場合があるからです。

(2) 証拠説明書の書式は決まっていませんが、最高裁判所の示した書式例では、準備書面その他の裁判所に提出する書面の記載事項（規則2条1項）のほか、次の5項目を表形式で作成することとしています。
　① 甲号証又は乙号証の番号（例えば、「甲1」のような記載）
　② 標目と原本写しの別（例えば、「診断書（原本）」のような記載）
　③ 作成年月日（例えば、「平成26年8月7日」のような記載）
　④ 作成者（例えば、「○○市民病院の○○○○医師」のような記載）
　⑤ 立証趣旨（例えば、「原告が本件交通事故により入院7日及び通院約2カ月の加療を要する頸椎捻挫の傷害を負った事実を立証する。」のような記載）
　表形式でなくても、上記の5項目の記載があれば、次の書式例でもかまいません。

（書式例）

```
平成○年（ワ）第○○○号　損害賠償請求事件
原告　　○○○○
被告　　○○○○
                    証拠説明書
```

```
                                            平成○年○月○日
  ○○地方裁判所　御中
                                       原告　○○○○　（印）
  頭書事件について、原告は、下記の通り証拠説明をする。
                       記
  1　甲第1号証について
   ①　標目（原本・写しの別）　　診断書（原本）
   ②　作成年月日　　　平成26年8月7日
   ③　作成者　　　○○市民病院の○○○○医師
   ④　立証趣旨　　　原告が本件交通事故により入院7日及び通院約2
    カ月の加療を要する頸椎捻挫の傷害を負った事実を立証する。

  2　甲第2号証について
   （以下、省略）
                                                以上
```

4　文書提出命令の申立

(1)　相手方又は第三者が所持する文書で所持者が文書提出義務を負う場合には、挙証者（書証の申出者）は、文書提出命令の申立をすることにより書証の申出をすることができます（219条）。文書提出命令の申立をするには、次の3要件を満たすことが必要です。

①　その文書が申立書に記載した所持者の支配下にあること。

②　その文書の所持者にその文書の提出義務があること。

③　一定の文書（220条4号の文書）では文書提出命令による必要があること。

(2)　上記の文書提出義務として次の4つの場合には文書の所持者はその提出を拒むことはできないとしています（220条の1号から4号）。

①　当事者がその訴訟において引用した文書を自ら所持している場合（1号）

②　挙証者が文書の所持者に対しその引渡し又は閲覧を求めることができる場合（2号）
③　文書が挙証者の利益のために作成され、又は挙証者と文書の所持者との間の法律関係について作成された場合（3号）
④　上記の①②③のほか、文書が次のいずれにも該当しない場合（4号）
　　イ　文書の所持者自身又は所持者の親族に証言拒絶権のある事項が記載されている文書
　　ロ　公務員の職務上の秘密に関する文書でその提出により公共の利益を害し、又は公務の遂行に著しい支障を生ずるおそれがあるもの
　　ハ　医師その他の職務上知り得た事項又は技術ノウハウや職業の秘密に関する事項で、黙秘の義務が免除されていないものが記載されている文書
　　ニ　専ら文書の所持者の利用に供するための文書（国や自治体の所持する文書は公務員が組織的に用いるものは除かれます）
　　ホ　刑事事件の訴訟に関する書類、少年保護事件の記録又はこれらの事件において押収されている文書

(3)　文書提出命令の申立をする場合は、次の事項を記載して「文書提出命令申立書」を裁判所に提出し相手方に直送する必要があります（221条1項）。
　①　文書の表示（文書の表題、作成者、作成日その他の文書を特定できる事項）
　②　文書の趣旨（どんな内容の文書かが分かる事項）
　③　文書の所持者（所持者の氏名や住所）
　④　証明すべき事実（その文書で何を証明するのか）
　⑤　文書の提出義務の原因（法定の文書提出義務のどれに該当するのか）
　　220条4号（除外するイロハニホ以外の提出義務のある文書）を文書提出義務の原因とする文書提出命令の申立は、書証の申出を文書提出命令の申立によってする必要がある場合でなければ、することができません（221条2項）。

(4) 文書提出命令申立書の書式は決まっていませんが、次の書式例があります。

（書式例）

平成○年（ワ）第○○○号　損害賠償請求事件
原告　○○○○
被告　○○株式会社

文書提出命令申立書

　　　　　　　　　　　　　　　　　　　　平成○年○月○日
○○地方裁判所　御中

　　　　　　　　　　　　　　　　　原告　　○○○○　（印）
頭書事件について、原告は、下記の通り文書提出命令の申立をする。
記
1　文書の表示
　　被告が保管する平成○年○月○日開催の取締役会議事録
2　文書の趣旨
　　上記1の取締役会議事録には○○について承認された旨の記載がある。
3　文書の所持者
　　被告
4　証明すべき事実
　　上記1の取締役会において○○について議決をした事実
5　文書提出義務の原因
　　民事訴訟法第220条第1号
　　被告は、平成○年○月○日付被告準備書面（5）において、本件取締役会議事録の内容を引用している。
　　　　　　　　　　　　　　　　　　　　　　　　　　　以上

---

① 文書提出命令の申立は書面でする必要があります（規則140条1項）。この申立書は、正本1通を裁判所に提出し、副本を相手方に直送します。収入印紙は不要ですが、郵便切手が必要ですからその種類と枚数を書記官に確認します。
② 相手方は、この申立について意見がある場合は、意見を記載した書

面を裁判所に提出する必要があります。この意見書の表題は「文書提出命令の申立に対する意見書」として準備書面と同様の書式で作成します。
　③　文書提出命令に応じて提出された文書を書証として提出する場合は、自分の所持する文書を書証として提出する場合と同様にして裁判所に提出し相手方に直送します。

(5)　裁判所は、文書提出命令の申立を理由があると認めた場合は、決定（口頭弁論なしにできる裁判所の裁判）で、文書の所持者に対して提出を命じます。この場合、文書に取り調べる必要がないと認める部分や提出義務があると認めることができない部分がある場合には、その部分を除いて提出を命ずることができます（223条1項）。
　裁判所は、第三者に対して文書の提出を命じようとする場合は、その第三者を審尋（陳述の機会を与えること）する必要があります（223条2項）。
　第三者が文書提出命令に従わない場合は、裁判所は、決定で、20万円以下の過料に処することとしています。この決定に対しては即時抗告（1週間にする不服申立）ができます（225条）。
　当事者が文書提出命令に従わない場合等では、次の通り取り扱われます。
　①　当事者が文書提出命令に従わない場合は、裁判所は、その文書の記載に関する相手方の主張を真実と認めることができます（224条1項）。
　②　当事者が相手方の使用を妨げる目的で提出の義務がある文書を滅失させ、又はその他これを使用することができないようにした場合も、裁判所は、その文書の記載に関する相手方の主張を真実と認めることができます（224条2項）。
　③　上記の①②に規定する場合に、相手方が、その文書の記載に関して具体的な主張をすること及びその文書により証明すべき事実を他の証拠により証明することが著しく困難である場合は、裁判所は、その事実に関する相手方の主張を真実と認めることができます（224条3項）。

(6)　文書提出命令の申立についての決定（申立の却下の決定又は認容の決定）

に対しては、即時抗告（1週間以内に行う不服申立）をすることができます（223条7項）。申立の却下の決定があった場合は申立人が即時抗告を行い、認容の決定があった場合（提出命令のあった場合）は文書所持者である当事者や第三者が即時抗告を行うことになります。

5 文書送付嘱託の申立

(1) 文書送付嘱託（裁判所が文書の所持者に送付を依頼する制度）の申立は、文書提出命令の申立ができる場合であっても、文書の所持者にその文書の送付を嘱託（依頼）することを申し立てることができます。ただし、当事者が法令により文書の正本や謄本の交付を求めることができる場合（例えば、不動産の登記簿や会社の登記簿の謄本の交付）は除かれます（226条）。

　裁判所から文書送付嘱託を受けた文書の所持者が、その嘱託（依頼）に応じるか否かは自由ですから、所持者が嘱託に応じなくても制裁はありません。しかし、官公署（国や自治体の機関）なら嘱託に応じてくれる可能性が高いので便利な方法といえます。文書送付嘱託の申立を却下する決定や認容する決定に対して不服申立をすることはできません。

(2) 文書送付嘱託申立書の書式は決まっていませんが、次の書式例があります。

（書式例）

```
平成○年（ワ）第○○○号　損害賠償請求事件
原告　○○○○
被告　○○○○
　　　　　　　　　　文書送付嘱託申立書
　　　　　　　　　　　　　　　　　　　　平成○年○月○日
○○地方裁判所　御中
　　　　　　　　　　　　　　　　　原告　　○○○○　　（印）
頭書事件について、原告は、下記の通り文書送付嘱託の申立をする。
　　　　　　　　　　　　　　　　記
```

1　文書の表示
　　平成○年○月○日から同年○月○日まで入院治療をしていた患者○○○○（昭和○年○月○日生）に関する診療録、検査表、レントゲン、CT、MRI等の画像記録その他の診療に関する一切の記録
2　文書の所持者
　　〒000-0000　○県○市○町○丁目○番○号
　　　○○市○○市民病院
　　　　　（電話000-000-0000）
3　証明すべき事実
　　原告の外傷性くも膜下出血、慢性硬膜下血腫、腰椎骨折、頸椎捻挫の治療状況

以上

① この申立書は、正本1通を裁判所に提出し、副本を相手方に直送します。この申立に収入印紙は不要ですが、郵便切手は必要ですから、書記官に種類と枚数を確認して裁判所に予納します。
② 文書送付嘱託に応じて送付された文書を書証として提出する場合は、自分の所持する文書を提出する場合と同様にして提出します。

Q28
証人尋問の申出と取り調べ手続は、どのようにするのですか

1　証人尋問とは
(1)　証人尋問とは、証人に口頭で質問し、証人が経験した事実を供述（証言）させて行う証拠調べをいいます。証人とは、過去に知った事実を法廷で報告するよう命じられた第三者をいいます。この場合の第三者とは、当事者（原告と被告）及びその法定代理人（例えば、親権者、後見人）以外のすべての者をいいます。判例は、8歳の児童でも証人になれるとしています。特別の学識経験によって過去に知った事実を報告する鑑定証人も鑑定人ではなく証人となります

裁判所は、特別の定めがある場合を除き、何人でも証人として尋問することができます（190条）。日本の裁判権に服する者は、すべて証人義務（出頭する義務、宣誓をする義務、供述をする義務）があります。ただ、特別の定めのある例外として、公務員・国会議員・国務大臣又はその職にあった者を証人として職務上の秘密について尋問する場合には、裁判所は、その監督官庁等の承認を得る必要があります。この承認は、公共の利益を害し又は公務の遂行に著しい支障を生ずるおそれがある場合を除き拒否することはできません（191条）。

証人が出頭しない場合には次の制裁があります。
① 　証人が正当な理由なく出頭しない場合は、裁判所は、決定（口頭弁論を経ない裁判所の裁判）で、これによって生じた訴訟費用の負担を命じ、かつ、10万円以下の過料に処します。この決定に対しては、即時抗告（1週間以内にする不服申立）ができます（192条）。証人の出頭を確保するために訴訟費用の負担と秩序罰の過料を科すことにしています。
② 　証人が正当な理由なく出頭しない場合は、10万円以下の罰金又は拘留（30日未満の刑事施設での拘置）に処することとしています。この

罪を犯した者には、情状により、罰金と拘留を併科することができます（193条）。192条の場合より悪質な場合の制裁ですが、罰金も拘留も刑罰ですから、捜査機関に告発して通常の刑事訴訟手続によることになります。
　③　裁判所は、正当な理由なく出頭しない証人の勾引（一定の場所に引致する強制処分）を命ずることができます。この場合には刑事訴訟法の勾引の規定が準用されます（194条）。

(2)　証人義務がある者でも、次の場合は証言を拒むことができます。
　①　証言が証人本人又は証人と次に掲げる関係を有する者が刑事訴追を受け又は有罪判決を受けるおそれがある事項に関する場合は、証人は、証言を拒むことができます。証言がこれらの者の名誉を害すべき事項に関する場合も同様とされます（196条）
　　(a)　配偶者、4親等内の血族若しくは3親等内の姻族の関係にあり又はあったこと。
　　(b)　後見人と被後見人の関係にあること。
　②　公務員・国会議員・国務大臣が証言拒否のできる場合（197条1項1号）
　③　医師、歯科医師、薬剤師、医薬品販売業者、助産師、弁護士、弁理士、弁護人、公証人、宗教、祈禱若しくは祭祀の職にある者又はこれらの職にあった者が職務上知り得た事実で黙秘すべきものについて尋問を受ける場合（197条1項2号）
　④　技術又は職業の秘密に関する事項について尋問を受ける場合（197条1項3号）
　しかし、上記の②③④の場合は、証人が黙秘の義務を免除された場合には、証言を拒否することはできません（197条2項）。
　証言を拒絶する場合には、証言拒絶の理由を疎明する必要があります（198条）。疎明とは、証明とは異なり、裁判官が一応確からしいと推測できる程度に立証することをいいます。上記の③④の場合の証言拒絶の当否については、受訴裁判所（審理をしている裁判所）が当事者を審尋（陳述させること）して決定（口頭弁論なしの裁判所の裁判）で裁判をします。

この場合の裁判に対しては、当事者と証人は即時抗告（1週間以内にする不服申立）ができます（199条）。

2　証人尋問の申出

(1)　証人尋問の申出は、証人を指定し、かつ、尋問に要する見込みの時間を明らかにする必要があります（規則106条）。証人尋問の申出は、「証拠申出書」を提出して行いますが、証拠申出書には、①証明すべき事実と、②その事実と証拠方法との関係を具体的に明示する必要があります。証拠申出書も準備書面の場合と同様に裁判所に提出するとともに相手方に直送する必要があります（規則99条）。

　証人と当事者本人の尋問の申出は、できる限り一括してしなければなりません（規則100条）。証人尋問の申出をする場合は、同時に「尋問事項書」（尋問事項を記載した書面）2通（裁判所用と証人用）を裁判所に提出する必要があります。尋問事項書は、できる限り、個別的かつ具体的に記載する必要があります。証人尋問の申出をする当事者は、尋問事項書も相手方当事者に直送する必要があります（規則107条）。

(2)　証人尋問の「証拠申出書」の書式は決まっていませんが、次の書式例があります。この書式例は、地方自治法の規定に違反して町議会の議長が議員提案の条例制定議案の受取拒否をした国家賠償請求訴訟での議案を提出した議員への証人尋問です。

（書式例）

```
平成○年（ワ）第○○○号　損害賠償請求事件
原告　○○○○
被告　○○町
                    証拠申出書
                              平成○年○月○日
○○地方裁判所　御中
                              原告　○○○○　（印）
頭書事件について、原告は、下記の通り証人尋問の申出をする。
```

　　　　　　　　　　　記
1　証人の表示
　　住所　〒000-0000　○県○郡○町○丁目○番○号
　　氏名　　　　　　　○○○○
　　　　　（呼び出し。主尋問の予定時間40分）
2　証すべき事実
　　証人と原告が平成○年○月○日に地方自治法第112条の規定に基づいて提出した「○○町○○条例の制定議案」を町議会議長○○○○が受取拒否をして原告の議案提出権を違法に侵害し原告に対して多大の精神的苦痛を加えた事実、その他原告主張事実全般
3　証すべき事実と証人との関係
　　証人は、原告とともに平成○年○月○日に地方自治法第112条の規定に基づいて「○○町○○条例の制定議案」を町議会議長に提出した者である。
4　尋問事項
　　別紙の通り

　　　　　　　　　　　　　　　　　　　　　　　　以上

① 書面の表題は「証拠申出書」とし、裁判所に提出する書類一般に必要な事件番号・事件名、当事者の表示、作成年月日、提出者の表示をして押印をします。

② 証人の表示は、住所と氏名で特定し、呼び出し・同行の別、主尋問の予定時間を記載します。呼び出しとは、裁判所から証人に呼出状を送達して呼び出す場合をいいます。同行とは、呼出状を送達せず申出人の責任で同行して出頭する場合をいいます。同行を承諾してもらった場合以外は呼び出しにしておきます。

③ 主尋問の予定時間には質問の時間のほか証人の答える時間も含まれますから、予想される時間よりも少し長めにしておきます。裁判官は、予定時間を超えると嫌がりますから、予定時間に合わせて質問文を作成します。事件の内容にもよりますが、一般に60分を超えると長すぎると思われますから、できれば40分程度にします。予定時間より

早く終わることは問題ありません。
④　裁判所に提出する証拠申出書には「尋問事項書」2通（裁判所用と証人用）を添付します。相手方当事者には証拠申出書と尋問事項書の各1通を直送します。尋問事項書の書式は決まっていませんが、次の書式例があります。

（書式例）

```
別紙　　　　　　　　　　尋問事項　　（証人　○○○○）
 1　証人の議員としての経歴について
 2　証人が原告とともに平成○年○月○日に地方自治法112条の規定
　　に基づいて提出した「○○町○○条例の制定議案」を町議会議長○
　　○○○に提出した経緯について
 3　○○町議会議長○○○○が、証人に対して「○○町○○条例の制
　　定議案」の受取拒否をした経緯について
　　　　　　　　　（中　略）
 9　その他、これらに関連する一切の事項
　　　　　　　　　　　　　　　　　　　　　　　　　　　　　　以上
```

①　尋問事項書は、できる限り個別的かつ具体的に記載する必要があります（規則107条2項）。しかし、必ずしも質問文の形式で記載する必要はありません。

②　尋問事項書は、別紙として作成し裁判所には「証拠申出書」に添付して2通を提出します。その中の1通は証人に送達する呼出状に添付します。相手方当事者には、証拠申出書と尋問事項書を直送します（規則107条3項）。

3　証人尋問の手続

(1)　証人尋問の手続は、次の順序で行われます。
　①　各当事者による証人尋問の申出（証拠申出書の提出）
　②　裁判所から証人の呼び出し（場合によっては申出人が同行）
　③　人定質問（裁判官が証人の人違いでないかを確認する質問）
　④　証人の宣誓（良心に従って真実を述べる旨の宣誓）

⑤ 交互尋問（申出をした者の尋問、相手方の尋問、申出をした者の再度の尋問の順序で交互にする尋問）

　証人尋問の申出をした当事者は、証人尋問の申出が採用された場合には、書記官の指定する交通費・宿泊料・日当に相当する金額を裁判所に予納する必要があります。しかし、証人が支払不要の申出をした場合は予納は不要です。

　証人への呼出状には、次の事項を記載し、尋問事項書を添付する必要があります（規則108条）。
① 当事者の表示
② 出頭すべき日時と場所
③ 出頭しない場合の法律上の制裁（過料、罰金その他）

　証人尋問をする旨の決定があった場合は、尋問の申出をした当事者は、証人を尋問する期日に出頭させるよう努める必要があります（規則109条）。証人は、期日に出頭することができない事由（例えば、急病）が生じた場合には、直ちに、その事由を明らかにして裁判所に届け出る必要があります（規則110条）。この届け出は、口頭でも書面でもかまいませんが、呼出状に記載された書記官に電話で届け出るのが簡単です。

(2)　人定質問と証人の宣誓は、次のように行われます。
① 証人は呼出状に記載された法廷に出頭すると、書記官から渡される証人の氏名・年齢・職業等を記入する人定質問書に必要事項を記入します。裁判所によっては、宣誓に用いる宣誓書用紙にも氏名を署名し押印をします。証人は、認め印を持参して10分前までには法廷に出頭します。認め印を忘れた場合は拇印で代用します。
② 証人は、裁判長の指示により法廷の証人席で起立します。裁判長から人定質問として氏名その他を質問されます。次いで、証人は、宣誓をしますが、宣誓の前に裁判長は宣誓の趣旨を説明し、かつ、偽証の罰を告げます（規則112条5項）。偽証罪は「法律により宣誓した証人が虚偽の陳述をしたときは、3カ月以上10年以下の懲役に処する」と規定しています（刑法169条）。「虚偽の陳述」とは、自分の認識に反して陳述することをいいます。

③　証人には原則として宣誓をさせる必要がありますが（201条1項）、16歳未満の者又は宣誓の趣旨を理解することができない者を証人として尋問する場合には、宣誓をさせることはできません（201条2項）。

④　証人の宣誓は、尋問の前にさせる必要がありますが、特別の事由がある場合（例えば、宣誓の趣旨が理解できるか否かが不明の場合）は、尋問の後にさせることができます（規則112条1項）。

⑤　裁判長は、証人に宣誓書を朗読させ、かつ、これに署名押印をさせる必要があります（規則112条3項）。実務では、証人が出頭した時点で宣誓書用紙に署名押印していますから、それを朗読することにしています。複数の証人がいる場合は、同時に声を揃えて宣誓書用紙を朗読させる場合があります。

⑥　宣誓書には、「良心に従って真実を述べ、何事も隠さず、また、何事も付け加えないことを誓う」旨を記載する必要があります（規則112条4項）。

4　証人尋問の順序と質問内容の制限

(1)　当事者による証人尋問の順序は、次の順序によります（規則113条1項）。これを「交互尋問制」といいます。

①　尋問の申出をした当事者からの尋問（主尋問といいます）
②　相手方からの尋問（反対尋問といいます）
③　尋問の申出をした当事者からの再度の尋問（再主尋問といいます）

　以上の①主尋問、②反対尋問、③再主尋問は、法律上当然にできますが、当事者は、裁判長の許可を得て更に尋問をすることができます（規則113条2項）。再反対尋問以降の再度の尋問の回数に制限はありませんから、裁判長の許可のある限り、何回でも質問をすることができます。

　裁判長は、必要があると認める場合は、いつでも、自ら証人を尋問し、又は当事者の尋問を許すことができます（規則113条3項）。陪席裁判官（裁判長以外の裁判官）は、裁判長に告げて、証人尋問をすることができます（規則113条4項）。

(2)　質問内容は制限されており、それぞれ次の事項について行うものとさ

れています（規則114条1項）。

① 主尋問は、立証すべき事項及びこれに関連する事項
② 反対尋問は、主尋問に現れた事項及びこれに関連する事項並びに証言の信用性に関する事項
③ 再主尋問は、反対尋問に現れた事項及びこれに関連する事項

　裁判長は、質問の内容が上記①②③に定める事項以外の事項に関するものであって相当でないと認める場合は、当事者の申立により又は裁判所の職権で、質問を制限することができます（規則114条2項）。

　証人への質問は、できる限り、個別的かつ具体的にしなければなりません（規則115条1項）。当事者は、次に掲げる質問をしてはなりませんが、次のア以外に掲げる質問については、正当な理由がある場合は質問することができます（規則115条2項）。

　ア　証人を侮辱し又は困惑させる質問
　イ　誘導質問（質問者の望む答えに誘導するような質問）
　ウ　既にした質問と重複する質問
　エ　争点に関係のない質問
　オ　意見の陳述を求める質問
　カ　証人が直接経験しなかった事実についての陳述を求める質問

　裁判長は、質問が上記のアからカの規定に違反すると認める場合は、当事者の申立により又は裁判所の職権により質問を制限することができます（規則115条3項）。

5　証人尋問手続の実際

(1)　証人尋問手続の流れは、下記のようになります。

人定質問　→宣誓　→主尋問　→反対尋問　→再主尋問　→補充尋問

詳しくは4頁参照。

(2)　証人尋問手続のルールは次の通りです。
　①　証人は、裁判長の許可を受けた場合を除き、書類に基づいて陳述することはできません（203条）。証人のありのままの記憶に基づく証言がなされないおそれがあるからです。

② 当事者は、裁判長の許可を得て、文書、図面、写真、模型、装置その他の適当な物件を利用して証人に質問をすることができます。この場合、これらの文書等が証拠調べをしていないものである場合は、質問の前に、相手方にこれを閲覧する機会を与える必要がありますが、相手方に異議のない場合には閲覧は不要です（規則116条）。

③ 裁判長は、必要があると認める場合は、証人と他の証人との対質（同席させて同一質問をすること）を命ずることができます。裁判長は、対質を命じた場合は、その旨を調書に記載させる必要があります。対質を行う場合は、裁判長が先ず証人を尋問することができます（規則118条）。

④ 裁判長は、必要があると認める場合は、証人に文字の筆記その他の必要な行為をさせることができます（規則119条）。その他の行為の例として状況説明のための略図を筆記させる場合があります。

⑤ 裁判長は、必要があると認める場合は、後に尋問すべき証人に在廷を許すことができます（規則120条）。例えば、他の証人の証言を聞かせたうえで尋問するのが記憶の喚起に役立つ場合があります。

⑥ 裁判長は、証人が特定の傍聴人の面前においては威圧され十分な陳述ができないと認める場合は、当事者の意見を聴いて、その証人が陳述をする間、その傍聴人を退廷させることができます（規則121条）。

⑦ 裁判所は、次に掲げる場合には、最高裁判所規則の定めによりテレビ電話会議システム（映像と音声の送受信により相手の状態を相互に認識しながら通話できる方法）によって証人尋問をすることができます（204条）。

　(a) 証人が遠隔地に居住している場合

　(b) 事案の性質、証人の年齢又は心身の状態、証人と当事者本人又はその法定代理人との関係その他の事情により、証人が裁判長及び当事者が証人を尋問するために在席する場所において陳述をする場合は圧迫を受け精神の平穏を著しく害されるおそれがあると認める場合であって、相当と認める場合

⑧ 裁判所は、相当と認める場合において当事者に異議がない場合には、証人の尋問に代え書面の提出をさせることができます（205条）。例え

ば、反対尋問が実施されなくても信用性の高い陳述が得られる見込みのあるような場合があります。

⑨　受命裁判官（裁判長から指名された合議体の裁判官）又は受託裁判官（嘱託を受けた他の裁判所の裁判官）が証人尋問をする場合には、裁判所や裁判長の職務は、その裁判官が行います。ただし、尋問の順序の変更についての異議についての裁判は受訴裁判所（審理をしている裁判所）がします（206条）。

⑩　証人尋問は口頭弁論期日に行われますから、他の期日の場合と同様に、証人尋問期日の調書の写しの交付を受けておきます。その場合は証人調書と速記録の写しの交付も受けます。相手方申出の証人の証言内容を確認して準備書面で反論をしておく必要があるからです。

6　証人の陳述書

(1)　陳述書とは、当事者間で争いになっている事実関係について、証人、当事者本人その他の関係人が自分の体験した事実その他の事項を記載した書面をいいます。陳述書の書き方は決まっていませんが、一般的には、作成者本人が経験した事実を、そもそもの始まりから時間をおって物語的に記載します。陳述書は、書証として提出します。作成者が経験した事実に関する重要な事項はほとんど含まれますから、証人尋問や当事者尋問の前に提出されると裁判官も当事者も重要な事項を把握することができますから便利なものといえます。陳述書についての法律の規定はありませんが、尋問時間の節約や尋問内容の補完の観点からもよく利用されています。

　　陳述書は、作成者本人名義で作成されるものの実際には弁護士が本人から事実を聴いて作成し本人が署名と押印をする場合も多いのです。陳述書は、書証として提出しますから、当事者本人が陳述書を提出する場合でも、陳述書に記載した当事者の主張は準備書面にも書いて提出しておく必要があります。書証と準備書面とは性質が異なるからです。

　　本人訴訟で証人尋問に慣れていない場合は、相手方の申し出た証人の証言について直ちに反対尋問をすることは困難ですから、相手方の申し出た証人が採用された場合は、裁判長に証人の陳述書を提出させるよう

に訴訟指揮を申し出ます。陳述書が提出された場合は、法廷で同じ内容の証言がなされますから、反対尋問の質問事項を準備することができます。陳述書の提出のない場合は、相手方の提出した証拠申出書の尋問事項を参考にして反対尋問の質問事項を準備するしかありません。

(2) 陳述書の作り方は決まっていませんが、一般に準備書面の場合と同様にします。書式例は次の通りです。

(書式例)

陳 述 書

平成○年○月○日

○○地方裁判所　御中

　　　　陳述者　　(住所)　○県○市○町○丁目○番○号

　　　　　　　　　(氏名)　○○○○（署名）　　(印)

私は、○○地方裁判所平成○年（ワ）第○○○号損害賠償請求事件に関して、下記の通り陳述をします。

記

1　私は、……をしました。

　　(書き方の注意)
　　(1) 事実を記載する場合は、次の事項のうち分かるものを詳細に記載します。
　　　① いつ（その事実のあった年月日時刻）
　　　② どこで（その事実のあった場所）
　　　③ 誰が（行為者の氏名その他）
　　　④ 何を、誰に対して（行為の対象や相手方）
　　　⑤ どんな方法で（その方法や態様）
　　　⑥ なぜ（動機や原因）
　　　⑦ どんな行為を（行為の内容とその結果）
　　　⑧ 誰と（共同行為者の氏名その他）
　　(2) 各事実ごとに分けて箇条書きにします。

> (3) 各頁の下部に頁数を付します。
> (4) 作成者の署名と押印（認め印）をします。
> 　　　　　　　　（中　略）
> 9　以上の通り、事実に間違いありません。
> 　　　　　　　　　　　　　　　　　　　　　　　　　　　　　以上

① 主尋問で質問が予定されている事項については、すべて記載します。
② 陳述書の枚数は、多くても10枚以下とします。
③ 同一人の陳述書は1通が望ましいのですが、後日、追加の陳述書を提出することも可能です。

7　証人尋問での注意事項と尋問技術

(1) 本人訴訟の各段階の中で証人尋問と当事者本人尋問が最もむずかしいので、事前に必ず地方裁判所の民事法廷で他人の証人尋問や当事者本人尋問を数回は傍聴しておく必要があります。特に書証（甲号証や乙号証）を証人や当事者本人に提示して尋問をする場合の尋問の仕方をよく見ておく必要があります。

　本人訴訟の場合は、あらかじめ尋問事項を自分の読みやすい質問文にしておいて、法廷では、そのまま読み上げることにします。反対尋問の質問文は作りにくいのですが、相手方の提出した証拠申出書の尋問事項書や陳述書から主尋問の内容を予想して質問文を作成します。質問文の作成上の注意事項は、次の通りです。

① 質問文は法廷でそのまま読み上げるので、できる限り短い文章にします。長文だと証人に理解できません。1個の質問は、可能な限り100字以内とします。
② 質問数は訴訟の内容にもよりますが、主尋問の質問文は100程度、反対尋問の質問文は50程度は準備しておきます。
③ 質問内容は次の通り制限されているので注意します。
　ア　主尋問は、立証すべき事項及びこれに関連する事項
　イ　反対尋問は、主尋問に現れた事項及びこれに関連する事項並びに証言の信用性に関する事項

ウ　再主尋問は、反対尋問に現れた事項及びこれに関連する事項

(2)　主尋問でも反対尋問でも、事前に準備をした質問文を正確に分かりやすく読み上げます。証人から読み上げた質問文の意味が分からないと言われた場合は、再度、その質問文を分かりやすく読み上げます。要約したり付け加えたりすると意味が変わる場合がありますから、原則として当初の質問文は変えません。それでも、意味が分からないと言われた場合は、次の質問に移ります。

　主尋問の質問文の作成に際しては次の事項に注意します。
① 質問事項の順序を慎重に検討すること。
② 裁判官の心証は主尋問で決まると考えておくこと。
③ 質問文は短く簡単な文章にすること（専門用語や難解な用語は使用しないこと）
④ 答えやすい質問から先に質問すること。
⑤ 証人に関係のない質問はしないこと。
⑥ 書面を証人に示してする質問の仕方を特に検討しておくこと。
⑦ 質問文には方言は使用せずに共通語で記載すること。

　反対尋問の質問文の作成に際しては次の事項に注意します。
① 証人の陳述書が提出されている場合は、その内容について質問文を作成します。
② 陳述書が提出されていない場合は、尋問事項書によって質問文を作成します。
③ 反対尋問が成功する場合は少ないので、小さな疑問点は無視します。
④ 主尋問への答えに矛盾があっても、そのままにして反対尋問はしないこと。（この場合の矛盾は、後日提出する準備書面で指摘する）
⑤ 主尋問に対する答えに不十分な点があっても指摘しないこと。（指摘すると証人が補充をして完全なものにするのでヤブヘビになる）
⑥ 相手方の申し出た証人には、相手方との利害関係（例えば、取引関係があるのか、親友なのか、雇用されていたのか）を詳しく質問をすること。（証人の証言の信用性に疑問を抱かせる）
⑦ 証拠から証言自体が偽証であることが明白でも反対尋問では指摘し

ないこと。(偽証であることは、後日提出する準備書面で指摘する)
⑧　証人と議論をしたり誹謗中傷ととられる発言はしないこと。

(3)　主尋問では事前に証人と打ち合わせができる場合には、証人に質問文を示して事前に打ち合わせをします。ただ、相手方の申し出た証人や相手方に有利な証言をする証人(敵性証人)とは事前に打ち合わせをすることはできませんが、可能であれば、事前に証人の考え方を聞いておきます。
　　事前に証人と打ち合わせをする場合の注意は次の通りです。
①　実際に証人に質問をしてその答えを検討します。
②　法廷で証人に示す書証やその他の物を見せて説明をしておきます。
③　証人に法廷の配置、人定質問、宣誓の仕方を説明しておきます。
④　質問に対する答え方について次の助言をしておきます。
　　ア　質問されたこと以外は答えないこと。
　　イ　想像や憶測で答えないこと(「……と思います」のような答えはしない)。
　　ウ　知っている事実は「……です」と明確に答えること。
　　エ　答えは、通常は、「はい」か「いいえ」で答えること。
　　オ　証人自身の意見は述べないこと。
　　カ　証人は質問者と議論をしないこと。
　　キ　証言に際して個人的な非難や誹謗中傷はしないこと。
　　ク　どの質問者に対しても公平・公正な態度をとること。
　　ケ　質問者の挑発に乗らないこと。

(4)　反対尋問の主な目的は、主尋問の証言の信用性をなくすことにありますから、慎重に質問をしないと、かえって主尋問の証言の誤りや矛盾点を訂正する機会を与えることになります。主尋問の証言の誤りや矛盾点はそのままにしておいて、後日、証人調書の速記録をよく読んで準備書面で反論をします。
　　反対尋問で証言させるべきポイントは次の通りです。これらの矛盾点を訂正する機会を与えるような反対尋問をしないことが大切です。

① その証言が動かし難い事実と矛盾することを明確にすること。
② その証言が確実な書証に反することを明確にすること。
③ その証言がその証人の従前の証言と矛盾することを明確にすること。
④ その証言の信用性を攻撃して証言自体の真実性をなくすこと。
　反対尋問の仕方のポイントは次の通りです。
① 答えがイエスかノーで答えられる質問文にしておくこと。
② 質問のテンポを速くすること。
③ 証言の根拠や理由は、原則として質問しないこと。
④ 質問は総花的にしないで重点的に集中して質問すること。

(5) 主尋問の場合も反対尋問の場合も、自分が質問をしている間は起立をして質問をします。相手方当事者が質問をしている間は着席します。

　書証（甲号証や乙号証）を証人に示して質問をする場合は、例えば、「甲4号証の2頁を示します」のように自席で述べてから、証人席にその書証を持って行って該当の部分を示します。該当の部分を読み上げたほうが分かりやすい場合や速記録に残しておきたい場合は、証人席の横で読み上げます。しかし、事前に書証の写しを作成しておいて証人には書証の原本の該当部分を示し、自分の席に戻って写しを読み上げる方法もあります。実際の他人の証人尋問の法廷で書証の提示の仕方を確認しておきます。

　相手方から質問内容について異議の申立があった場合（例えば、「その質問は争点に関係のない質問だ」という異議があった場合）は、原則として直ちに反論をせずに裁判官の判断を待ちます。ただ、その質問が必須の場合は、裁判官にその質問は民事訴訟規則に規定する質問のできない質問には該当しないとする理由を主張します。その主張が認められない場合は次の質問に移ります。その質問が必須のものでない場合は、裁判官の判断を待たずに次の質問に移ります。

　質問文の読み上げは証人に分かりやすいように明瞭に読み上げる必要がありますが、速記録の作成のために録音をしていますから、マイクの位置を考えて発言をする必要があります。証人が発言をしている時に質問者が発言をすると速記録の記録ができませんから、同時に発言をしな

いことが大切です。

　証人が予想外のウソの答えをした場合でも、その場で反論をしてはなりません。反論は、後日、証人調書の速記録をよく読んで準備書面で反論をします。その場合には反論の根拠となる証拠も提出します。証人と議論をしてはなりません。

　証人が黙って答えない場合は、答えさせることはできませんから、答えない事実を速記録に残すために「答えられなければ答えなくてもかまいません。次の質問に移ります」と述べて速記録に残します。

　証人尋問の技術を身に付けるには、他人の証人尋問の法廷を傍聴することが近道です。何回か傍聴すると、尋問の技術のコツが分かってきます。自分の訴訟で実際の証人尋問を体験するごとに上達してきます。

(6)　証人調書とその速記録は、証人尋問期日から半月程度で完成しますので、書記官に完成を確認して写しの交付を受けます。証人調書には、次の事項が記載されています。

　　ア　証人調書という表題
　　イ　事件の表示（平成○年（ワ）第○○号のような事件番号）
　　ウ　期日（平成○年○月○日午後1時30分のような記載）
　　エ　氏名（証人の氏名の記載）
　　オ　年齢（○○歳、昭和○年○月○日生まれのような記載）
　　カ　住所（○県○市○町○丁目○番○号のような記載）
　　キ　宣誓その他の状況（「裁判長は、宣誓の趣旨を説明し、証人が偽証をした場合の罰を告げ、別紙宣誓書を読み上げさせてその誓いをさせた」との記載のほか、後に尋問する証人の在廷を許した場合は「後に尋問されることになっている証人は、裁判長の許可を得て在廷した」と記載されます。他の証人との対質を命じた場合もその旨が記載されます）
　　ク　陳述の要領（「別紙速記録の通り」のような記載）
　　ケ　その他（「この調書は、第○回口頭弁論調書と一体となるものである」との記載）

Q29 当事者本人尋問の申出と取り調べ手続は、どのようにするのですか

1 当事者本人尋問とは

(1) 当事者本人尋問とは、当事者（原告と被告）本人に口頭で質問し、当事者本人にその経験した事実を供述させて行われる証拠調べをいいます。裁判所は、当事者の申立により又は裁判所の職権で、当事者本人を尋問することができます。この場合の宣誓は、証人の場合と異なり任意とされて、宣誓させることができると規定しています（207条1項）。更に、証人の場合と異なり裁判所の職権で当事者本人尋問を行うことができます。

証人尋問と当事者本人尋問を行う場合には、先ず証人尋問をしますが、裁判所は、適当と認める場合は、当事者の意見を聴いて（同意がなくても）、先ず当事者本人尋問をすることができます（207条2項）。

当事者本人尋問に関する規定は、訴訟において当事者を代表する法定代理人（例えば、親権者、後見人、会社の代表取締役）について準用されますから、当事者本人尋問と同様に行います。ただし、当事者本人（例えば、親権に服する子）を尋問することもできます（211条）。

当事者本人尋問をする場合において、その当事者が正当な理由なく出頭せず、又は宣誓若しくは陳述を拒んだ場合は、裁判所は、尋問事項に関する相手方の主張を真実と認めることができます（208条）。

訴訟当事者は自分自身の本人尋問の申出をすることができますが、本人訴訟で訴訟代理人がいない場合の主尋問は、裁判長が行います。

(2) 宣誓した当事者が虚偽の陳述をした場合は、裁判所は、決定（口頭弁論なしにできる裁判所の裁判）で10万円以下の過料（刑罰でない金銭罰の一種）に処するとしています（209条1項）。

裁判長は、必要があると認める場合は、当事者本人と、他の当事者本

人又は証人との対質（これらの者を対面させて行う尋問）を命ずることができます（規則126条）。例えば、当事者と証人との対質、当事者同士の対質があります。

2　当事者本人尋問の申出

(1) 証人尋問に関する規定は、当事者本人尋問に原則として準用されますから（210条）、証人尋問の申出に準じた次のような証拠申出書を裁判所に提出し相手方に直送します。次の書式例は、本人訴訟の原告が自分自身の本人尋問の申出をする場合です。

（書式例）

平成○年（ワ）第○○○号　損害賠償請求事件

原告　○○○○

被告　○○○○

証拠申出書

平成○年○月○日

○○地方裁判所　御中

原告　○○○○　㊞

頭書事件について、原告は、下記の通り当事者本人尋問の申出をする。

記

1　原告本人の表示
　　住所　〒000-0000　○県○市○町○丁目○番○号
　　氏名　　　　　　　○○○○
　　　　（主尋問の予定時間30分）

2　証すべき事実
　　原告が平成○年○月○日に地方自治法112条の規定に基づき○○町議会議長○○○○に対して提出した「○○町○○条例の制定議案」を同議長が受取拒否をして原告の議案提出権を侵害し原告に対して多大の精神的損害を加えた事実その他原告主張事実全般

3　証すべき事実と原告との関係

>　　原告は、平成○年○月○日に地方自治法112条の規定に基づき○○
> 町議会議長○○○○に対して提出した「○○町○○条例の制定議案」
> を提出した者である。
> 4　尋問事項
> 　別紙の通り。
>
> 　　　　　　　　　　　　　　　　　　　　　　　　　　　　　以上

(2)　当事者本人尋問の証拠申出書にも、別紙として「尋問事項書」を添付します。本人訴訟で原告が自分自身の本人尋問の申出をする場合の主尋問は、裁判長から質問をしてもらいますから、質問文の形式で尋問事項書を作成します。ただし、裁判長は、尋問事項書の通りに質問するとは限りません。この場合の尋問事項書の記載例は次の通りです。

（記載例）

>　　別紙　　　　　　　　尋問事項　（原告本人　○○○○）
> 1　あなたは、○○町議会議員を現在まで何年くらいしていますか。
> 2　あなたが、○○町議会のA議員とともに議員提案をした「○○町
> 　　○○条例の制定議案」を提出することとした経緯は、どのような経
> 　　緯だったのですか。
> 3　あなたが、○○町議会のA議員とともに議員提案をした「○○町
> 　　○○条例の制定議案」の書類を○○町議会議長に提出した時に、同
> 　　議長は、どのように理由を付けて受取拒否をしたのですか。
> 　　　　　　　　　　　　　（中　略）
> 　　　　　　　　　　　　　　　　　　　　　　　　　　　　　以上

①　本人尋問の証拠申出書の書式は証人尋問の場合と同様ですが、相手方当事者の本人尋問の申出をする場合は、「主尋問の予定時間」の後に「呼び出し」と記載します。この場合には、裁判所に提出する証拠申出書に尋問事項書2通（裁判所用と相手方用）を添付します。

②　当事者本人尋問の申出と証人尋問の申出とを1通の証拠申出書で行う場合は、「人証の表示」として次の記載例のように記載します。

（記載例）

```
1　人証の表示
 (1)　証人の表示
    住所　〒000-0000　○県○市○町○丁目○番○号
    氏名　　　　　　　○○○○
            （主尋問の予定時間40分。呼び出し）
 (2)　被告本人の表示
    住所　〒000-0000　○県○市○町○丁目○番○号
    氏名　　　　　　　○○○○
            （主尋問の予定時間30分。呼び出し）
```

3　当事者本人尋問での注意事項

(1)　本人訴訟の手続の中では、証人尋問と当事者本人尋問とが最もむずかしいので、事前に地方裁判所の他人の訴訟の民事法廷で証人尋問や本人尋問の仕方を傍聴しておく必要があります。

当事者本人尋問での注意事項も、Q28の7の「証人尋問での注意事項と尋問技術」で述べたことと同様ですから参考にしてください。特に注意することは次の通りです。

① 本人訴訟では、主尋問でも反対尋問でも、その場で質問を考えることは不可能でから、事前に尋問事項の質問文を作成しておいて、法廷では、そのまま読み上げることにします。

② 本人訴訟では、自分に対する主尋問は裁判官からしてもらいますので、その質問文を作成して証拠申出書に添付する尋問事項書として裁判所に提出します。裁判官は、提出した質問文のほかに何でも質問することができます。

③ 相手方当事者に対して質問する場合も分かりやすい短い文章にします。質問文は、なるべく相手方がイエスかノーで答えられるように作成します。

④ 書証（甲号証と乙号証）を示して相手方当事者に質問する場合の尋問の仕方を他人の訴訟の民事法廷でよく確認をしておきます。

⑤ 相手方当事者が自分の本人尋問の申出をした場合は、相手方の「陳

述書」を提出してもらうよう裁判長に訴訟指揮を申し出ます。裁判長が応じない場合は、尋問事項書を参考に主尋問の答えを予測して反対尋問の質問文を作るしかありません。

(2)　当事者本人尋問をした場合には書記官は「本人調書」と速記録又は反訳書を作成しますから、口頭弁論調書の場合と同様にして、これらの写しの交付を受けます。書記官に「民事事件記録等閲覧謄写票」用紙を提出する場合には、その期日の口頭弁論調書、本人調書、速記録又は反訳書の各写しの交付を請求します。

　速記録や反訳書は尋問期日から半月程度で出来上がりますから、書記官に完成したことを確認して写しの交付を受けます。

Q30
鑑定の申出と取り調べの手続は、どのようにするのですか

1 鑑定とは

(1) 鑑定とは、裁判官の判断能力を補充するために、特定の鑑定事項について特別の学識経験のある第三者（鑑定人）にその専門知識や意見を報告させる証拠調べをいいます。鑑定人は、証人とは異なり、単に専門的知識や意見を報告する者に過ぎませんから、裁判所は、代わりの者を指定できる代替性があります。これに対して、証人は、証人自身が過去に経験をした事実を報告する者ですから代替性がありません。

　鑑定に必要な学識経験を有する者は、鑑定をする義務を負います（212条1項）。鑑定義務の内容には、出頭義務、宣誓義務、鑑定意見報告義務があり、鑑定義務を怠ると過料や刑罰の制裁があります。しかし、実務では、鑑定人候補者の内諾を得て裁判所が鑑定人に指定するので制裁が問題となることはありません。

　鑑定人となることができない者（鑑定欠格者）は、鑑定事項について証人であれば証言又は宣誓を拒否することのできる地位にある者で、例えば、①当事者とその法定代理人、②当事者の配偶者・4親等内の血族のような証言拒否のできる関係にある者、③証人なら宣誓を拒否できる者、④16歳未満の者又は宣誓の趣旨を理解できない者は鑑定人となることはできません（212条2項）。

(2) 鑑定人は、受訴裁判所（審理をしている裁判所）、受命裁判官（合議体の裁判長の指定した裁判官）又は受託裁判官（他の裁判所の嘱託した裁判官）が指定します（213条）。複数の鑑定人を指定することもできます。鑑定の申出に際して特定の鑑定人候補者を指定する必要はありませんし、仮に指定していても裁判所はそれに拘束されません。

　鑑定人について誠実に鑑定をすることを妨げるべき事情がある場合は、

当事者は、その鑑定人が鑑定事項について陳述をする前に、これを忌避（きひ）（職務執行から排除すること）することができます。鑑定人が陳述をした場合であっても、その後に、忌避の原因が生じ又は当事者がその原因があることを知った場合も同様としています（214条1項）。

　忌避の申立は、受訴裁判所、受命裁判官又は受託裁判官にする必要があります（214条2項）。忌避を理由があるとする決定に対しては不服を申し立てることはできませんが、忌避を理由がないとする決定に対しては即時抗告（1週間以内にする不服申立）をすることができます（214条3項・4項）。

2　鑑定の申出

(1)　当事者が鑑定の申出をする場合は、証明すべき事実を特定し、同時に鑑定を求める事項を記載した「鑑定申出書」を裁判所に提出するとともに相手方に直送する必要があります（規則129条1項・2項）。相手方は鑑定申出書について意見がある場合は、意見を記載した書面を裁判所に提出する必要があります（規則129条3項）。裁判所は、鑑定申出書に基づき相手方の意見も考慮して鑑定事項を定めますが、鑑定事項を記載した書面を鑑定人に送付する必要があります（規則129条4項）。

(2)　鑑定申出書の書式は決まっていませんが、次の書式例（医療過誤訴訟の例）があります。準備書面と同様の要領で作成します。

（書式例）

```
平成○年（ワ）第○○○号　損害賠償請求事件
原告　○○○○
被告　○○○○
　　　　　　　　　　　鑑定申出書
　　　　　　　　　　　　　　　　　　　　平成○年○月○日
○○地方裁判所　御中
　　　　　　　　　　　　　　　　　　原告　○○○○　（印）
頭書事件について、原告は、下記の通り鑑定の申出をする。
```

記

1　証明すべき事実

　原告に対する被告の診療行為は不適切又は不相当であり、これによって原告の症状が悪化した事実

2　鑑定事項

(1)　手術前の原告の症状、検査結果等に照らして、被告が本件○○摘出手術が必要であると判断したことは、医学的に不適切又は不相当ではなかったのか。

(2)　被告が平成○年○月○日に行った本件○○摘出手術は、不適切又は不相当ではなかったのか。

（中　略）

3　鑑定人

　○○県立中央病院の○○○○医師を選任されたい。

以上

①　鑑定人について希望する鑑定人がいる場合には、鑑定申出書にその鑑定人候補者の氏名等を具体的に記載することができますが、誰を鑑定人にするかは裁判所が決定します。

②　鑑定人は鑑定費用を請求することができますから、鑑定申出者は、裁判所の指定する費用を裁判所に予納する必要があります。鑑定費用を予納しない場合は鑑定は行われません。その他の費用として鑑定人呼出状の郵便切手も必要になります。

3　鑑定手続の実際

(1)　鑑定手続の主な流れは、次の順序となります。

　①　当事者から裁判所に「鑑定申出書」を提出し相手方に直送する

　②　裁判所が申出採用後に鑑定事項を決定し鑑定人を指定する

　③　鑑定人の宣誓（宣誓書を裁判所に提出する方法でもよい）

　④　裁判所から鑑定人に鑑定事項の告知をする

　⑤　鑑定人への質問

(2)　鑑定の手続は、先ず当事者が①証明すべき事実と②鑑定事項を特定して「鑑定申出書」を裁判所に提出するとともに相手方に直送します。相手方は、鑑定申出書について意見がある場合は、意見を記載した書面を裁判所に提出します。裁判所は、鑑定申出を採用後に鑑定事項を確定して鑑定人を指定します。裁判所は、鑑定人に宣誓を求めたうえで鑑定事項を告知します。宣誓書には「良心に従って誠実に鑑定することを誓う」旨が記載されていますが、鑑定人の宣誓は、宣誓書を裁判所に提出する方法によってもさせることができます（規則131条）。

　鑑定人の鑑定意見の報告は、裁判長の裁量によって期日に口頭で鑑定意見の陳述を行う場合と期日外に鑑定書を提出させる場合があります（215条1項）。裁判長は、複数の鑑定人がいる場合には、共同して又は各別に意見を述べさせることができます（規則132条1項）。

　裁判所は、鑑定人に口頭で鑑定意見を述べさせる場合には、鑑定人が鑑定意見の陳述をした後に、鑑定人に対して質問をすることができます。この場合の質問は、①裁判長、②その鑑定の申出をした当事者、③他の当事者の順序でしますが、適当と認める場合は当事者の意見を聴いて順序を変更することができます。当事者が順序の変更について異議を述べた場合には裁判所は決定で異議について裁判をします（215条の2）。

　鑑定書の提出又は口頭による鑑定意見の報告があった後、各当事者は、特別の学識経験により知り得た事実に関する尋問を証人尋問の規定により行うことができます。この場合は鑑定人ではなく「鑑定証人」と言われます（217条）。

Q31 検証の申出と取り調べ手続は、どのようにするのですか

1 検証とは

(1) 検証とは、裁判官の五官（目、耳、鼻、舌、皮膚）の作用によって物（検証物）を検査して行う証拠調べをいいます。裁判官の知識や判断能力を補充する証拠資料（検証の結果）を得るために行われます。

検証の対象となる物を検証物又は検証の目的物といいます。検証の対象は、法廷内に持ち込める物と持ち込めない物（例えば、交通事故現場、特定建物）とがあります。主な検証物としては、文書、印鑑、人体、生物、場所（例えば、事故現場、悪臭・振動・騒音の発生源）、ガス、機械等があります。裁判官の五官の作用によって感知できるものであれば検証物となります。例えば、文書の場合、(a)文書の紙質、筆跡、印影、作成年代を検査の対象とする場合は検証物となりますが、(b)文書の記載内容・意味内容を対象とする場合は書証となります。

(2) 検証が行われる場合の例としては、①工場の騒音・悪臭・振動等が問題となる環境関係訴訟での現場の検証、②土地の境界の争いの場合の境界の検証、③機械の欠陥に関する争いの場合の当該機械の検証、④交通事故の損害賠償請求訴訟での事故現場の検証があります。

裁判所又は受命裁判官（合議体の裁判長の指定した裁判官）若しくは受託裁判官（他の裁判所の嘱託した裁判官）は、検証をするに当たり、必要があると認める場合は、鑑定を命ずることができます（233条）。検証の際に鑑定が必要とされる場合の例としては、化学分析のような特別の専門的知識が必要な場合や特殊な機械の操作に特別の技能が必要な場合があります。この規定により鑑定を命じた場合は、裁判官が鑑定人とともに検証を実施し、鑑定人はそれにより得た事実を裁判官に報告します。裁判官が関与しなかった場合は、検証とはいえず、鑑定となります。

2 検証の申出

(1) 当事者が検証の申出をする場合は、①証明すべき事実を特定し、②検証の目的物を表示して「検証申出書」を裁判所に提出し相手方に直送する必要があります（規則150条）。実務では、③検証によって明らかにしようとする事項も記載しています。裁判所は検証の必要性を認めた場合は検証の採用決定をします。

検証物の提示や送付については書証に関する規定が準用されますから、検証の申出をする場合は、①自分の所持する検証物は直接持参して裁判所に提出し、②相手方や第三者が所持する場合は検証物提示命令又は送付嘱託により裁判所に提出させることになります（232条）。提示命令に従わない場合は、(a)当事者の場合は検証申出者の主張を真実と認めることができますし、(b)第三者の場合には過料の制裁があります。

(2) 検証申出書の書式例には、次の書式例（宅地不法占有の例）があります。

（書式例）

平成○年（ワ）第○○○号　損害賠償請求事件
原告　○○○○
被告　○○○○

　　　　　　　　　　　　検証申出書
　　　　　　　　　　　　　　　　　　　平成○年○月○日
○○地方裁判所　御中
　　　　　　　　　　　　　　　　原告　○○○○　（印）
頭書事件について、原告は、下記の通り検証の申出をする。
　　　　　　　　　　　　　　記
1　証明すべき事実
　　被告が、原告所有の宅地を違法に占有している事実
2　検証の目的物
　　本件宅地
3　検証によって明らかにしようとする事項

> 本件宅地の占有状況
>
> 以上

① 検証のために費用を要する場合（例えば、現場検証の場合の旅費）は、書記官の指定の通り裁判所に予納します。納付しない場合には検証は実施されません。
② 裁判所外での検証の申出を採用させるためには「検証によって明らかにしようとする事項」で検証の必要性や重要性、検証の容易性を強調する必要があります。

3 検証手続の実際

(1) 検証物について裁判所内で検証ができる場合は、法廷において検証物を提出し裁判官の五官の作用により直ちに検証が行われます。例えば、文書の場合なら文書の紙質、筆跡、印影、作成年代の検査が裁判官の五官の作用により行われます。

　検証を裁判所外で行う場合は、裁判所は、検証を実施する期日（日時）を指定し、裁判官が現地に出向いて検証を行います。裁判所は、受命裁判官（合議体の構成員の裁判官）や受託裁判官（他の裁判所の裁判官）に実施させることもできます。裁判所外の検証では、当事者も現地で立ち会い、検証物に関する指示説明を行います。例えば、土地の境界の場合だと「この石が境界である」とか「この木が境界である」といった境界の位置の説明をします。場合によっては「指示説明書」という詳細な書面を作成する場合もあります。指示説明書には必要に応じて図面や写真その他の資料も添付します。

　検証の実施後、当事者が口頭弁論期日に検証の結果を陳述する必要があり、陳述しない場合は検証結果を証拠資料（検証の結果とした得た資料）とすることはできません。検証の結果は、書記官が「検証調書」に記載します。検証調書も口頭弁論調書と同様の方法で書記官からその写しの交付を受けておきます。

(2) 検証物を相手方当事者や第三者が所持している場合には、検証申出者

は、文書提出命令の申立に準じて「検証物提示命令申立書」を裁判所に提出し相手方に直送します。この申立書には、①検証物の表示、②証明すべき事実及び証拠との関係、③提示命令を求める理由を記載します（232条1項）。この場合の書式例は次の通りです。

（書式例）

```
平成○年（ワ）第○○○号　損害賠償請求事件
原告　○○○○
被告　○○○○
             検証物提示命令申立書
                              平成○年○月○日
○○地方裁判所　御中
                            原告　　○○○○　（印）
頭書事件について、原告は、下記の通り検証物提示命令の申立をする。
               記
1　検証物の表示
    被告の保有する原告に関する診療録、ＣＴ検査その他の一切の検査
  記録の全部
2　証明すべき事実及び証拠との関係
    被告の保有する原告に関する診療録、ＣＴ検査その他の一切の検査
  記録の各証拠により被告の医師○○○○の医療過誤の事実を立証する。
3　提示命令を求める理由
    （省　略）
                                              以上
```

① 　検証物提示命令の申立には、書証の場合の文書提出命令の規定（223条）が準用されていますが、文書提出義務の規定（220条）は準用されません。しかし、検証物の所持者には一般的な協力義務（検証物提示義務、検証受忍義務）があると解されています。
② 　所持者の相手方当事者が正当な理由なく提示命令に従わない場合は、裁判所は、検証申立者の主張を真実と認めることができます（232条1

項・224条)。

(3) 検証の結果は、書記官の作成する「検証調書」に詳細に記録されます。検証調書の写しの交付を受ける場合は、書記官に「民事事件記録等閲覧謄写票」用紙に必要事項を記入して提出します。

　　書記官の作成する「検証調書」には次の事項が記載されます。

① 事件の表示（平成○年（ワ）第○○○号のような表示）
② 検証を行った期日（年月日時刻）
③ 検証を行った場所（検証物の所在場所その他の場所の表示）
④ 検証をした裁判所名、裁判官氏名、書記官氏名
⑤ 当事者の出頭状況等（出頭した当事者氏名、代理人氏名）
⑥ 手続の要領（検証の目的物、検証によって明らかにする事項、当事者双方の指示説明の内容）
⑦ 検証の結果（見取り図その他の図面類、写真その他の資料も添付されます）

Q32 調査嘱託の申立と取り調べ手続は、どのようにするのですか

1 調査嘱託とは

(1) 調査嘱託とは、特殊な証拠調べで、裁判所が事実認定を行う際に証拠調べの補充として、必要な調査を官庁（国の機関）、公署（自治体の機関）その他の団体に嘱託（依頼）することをいいます。裁判所は、当事者からの申立により又は裁判所の職権で、必要な調査を官庁、公署、外国の官庁・公署、学校、商工会議所、取引所その他の団体に嘱託することができるとされています（186条）。嘱託先は「団体」であれば、営利法人の会社でもよく、法人でない団体でもよいとされています。しかし、個人（自然人）に対しては嘱託することはできません。

嘱託を受けた団体は、民事訴訟法上の回答義務はあると解されていますが、違反に対する制裁はありません。一般に公正さに疑いを抱かせない団体に対する調査の嘱託に利用されます。例えば、気象台に対する特定の地域の特定の日時の天候について調査の嘱託をする場合です。嘱託事項について法律上の制限はありません。

(2) 調査の嘱託は、各当事者からの申立により又は裁判所の職権により行いますが、裁判所は、当事者からの申立については相手方の意見を聴いて採否を決定します。採用決定があった場合は、裁判所の書記官が嘱託先に調査を嘱託します。

嘱託先から裁判所に回答書面が到達した場合は、書記官から当事者に通知がありますが、法律的には回答書面（調査報告書類）を書証として提出する必要はありません。裁判所は、口頭弁論期日において回答書面を提示して当事者に意見陳述の機会を与えれば足りますが、実務では、当事者が必要な部分の写しを書証として提出する場合もあります。

2　調査嘱託の申立

調査嘱託申立書の書式は決まっていませんが、次の書式例があります。

（書式例）

平成○年（ワ）第○○○号　損害賠償請求事件
原告　○○○○
被告　○○○○

調査嘱託申立書

平成○年○月○日

○○地方裁判所　御中

原告　○○○○　（印）

頭書事件について、原告は、下記の通り調査嘱託の申立をする。
記

1　証明すべき事実
　　本件交通事故発生当時の事故現場の気象状況
2　嘱託先
　　〒000-0000　○県○市○町○丁目○番○号
　　　　　　　　○○地方気象台
3　嘱託事項
　　○県○市○町付近の平成○年○月○日午後○時頃の天候、気温、降雨量、風向、風速

以上

---

① この申立書は裁判所に提出するとともに相手方に直送します。
② 郵送料のほか嘱託先が調査費用を要する場合がありますが、書記官の指定する費用を裁判所に予納します。納付しない場合は調査嘱託は実施されません。

Q33
証拠保全の申立手続は、どのようにするのですか

1　証拠保全とは

(1)　証拠保全とは、本来の証拠調べの時期とは別個に、あらかじめ証拠調べをすることをいいます。裁判所は、あらかじめ証拠調べをしておかなければ、その証拠を使用することが困難となる事情があると認める場合は、当事者の申立により証拠調べをすることができます（234条）。証拠保全の申立がなされる場合には、例えば、①証人に予定している者が重病の場合、②証人に予定している者が近く外国へ行き帰国の予定のない場合、③医療過誤訴訟で医師の診療録や検査記録が改ざんされるおそれがある場合、④公文書の保存期限が迫って廃棄されるおそれがある場合、⑤交通事故現場や火災現場が時間の経過により変化する場合があります。証拠保全の証拠調べ手続は、訴訟における本来の証拠調べ手続の規定に従って行われます。

(2)　証拠保全がなされる要件としては、「あらかじめ証拠調べをしておかなければ、その証拠を使用することが困難となる事情がある」ことが必要です。この証拠保全の要件（証拠保全の事由）は、疎明（裁判官に一応確からしいという心証を得させること）する必要があります（規則153条3項）。この場合の「あらかじめ」とは、訴訟における本来の証拠調べの時よりも前という意味であって、訴えの提起前だけでなく、訴えの提起後も証拠保全の申立ができます。証拠保全に関する費用（例えば、証人の旅費・宿泊料、鑑定費用）は、訴訟費用の一部となります（241条）。証拠保全に要する費用は、申立人が書記官の指定の通りに予納する必要があります。

2　証拠保全の申立

(1)　証拠保全の申立を管轄する裁判所は、次の通りとなっています（235

条)。
① 訴えの提起前の証拠保全の申立は、尋問を受けるべき者や文書の所持者の居所又は検証物の所在場所を管轄する地方裁判所又は簡易裁判所
② 訴えの提起後の証拠保全の申立は、その証拠を使用すべき審級の裁判所。ただし、審理が開始している場合は審理をしている受訴裁判所
③ 急迫の事情がある場合は、訴えの提起後でも①の裁判所

(2) 証拠保全の申立は書面でする必要がありますが、その書面には、①相手方の表示、②証明すべき事実、③証拠、④証拠保全の事由を記載する必要があります（規則153条1項・2項）。証拠保全の事由は、疎明する必要があります（規則153条3項）。

証拠保全申立書の書式は決まっていませんが、訴えの提起前の証拠保全申立書の書式例（医療過誤訴訟の例）には次の例があります。

(書式例)

証拠保全申立書

平成○年○月○日

○○地方裁判所　御中

　　　　　　　　　　　　申立人　　○○○○　　（印）

　〒000-0000　○県○市○町○丁目○番○号（送達場所）
　　　　　　申立人　　○○○○
　　　　　　　　　　（電話000-000-0000）

　〒000-0000　○県○市○町○丁目○番○号
　　　　　　相手方　　○○○○

第1　申立の趣旨
　1　相手方の住所に臨み、相手方が所持する別紙物件目録記載の物件について検証する。

2　相手方は、上記1記載の検証物を証拠調べの期日において提示せよ。
との決定を求める。
第2　申立の理由
　1　証明すべき事実
　　　相手方が申立人の診療に当たり、相手方の重大な過失により診断及び手術を誤り、申立人に重篤な後遺症を発生させた事実
　2　証拠保全の事由
　　(1)　相手方は、自己の所持する診療録、検査記録その他の診療記録を改ざんするおそれがある。相手方には、過去平成○年の医療過誤訴訟でも改ざんの前歴がある。
　　(2)　相手方は、自己の所持する診療録、検査記録その他の診療記録を廃棄するおそれがある。相手方には、過去平成○年にも廃棄した前歴がある。
（中　略）
　3　結論
　　　よって、申立人は、民事訴訟法第234条の規定に基づき別紙物件目録記載の物件について証拠保全決定をすることを求める。

疎明資料
1　疎甲第1号証　　相手方作成の診断書
2　疎甲第2号証　　○県立中央病院の○○○○医師作成の診断書

附属書類
1　疎甲号証写し　　各1通
2　別紙物件目録　　1通

以上

（別紙物件目録の書式例）

別紙　　　　物件目録
申立人○○○○の

```
1  診療記録（外来診療録、入院診療録、検査記録その他の一切の診療記録
   を含む）
2  診療報酬の請求記録控え
              （中　略）
9  その他診療上の一切の関係記録
                                                    以上
```

　①　上例は「訴えの提起前」の申立ですから、裁判所に２通（正本と副本）を提出します。「訴えの提起後」の申立では、裁判所に正本１通を提出し副本を相手方に直送します。

　②　訴えの提起後の申立書には、事件番号、事件名、当事者（原告と被告の氏名）も記載する必要があります。

(3)　証拠保全の申立を却下する決定（申立を認めない裁判）に対しては、申立人は、抗告（口頭弁論を経ない裁判に対する不服申立）をすることができます（328条1項）。しかし、証拠保全の申立を認める決定に対しては、不服申立をすることはできません（238条）。

　証拠調べの期日には、申立人と相手方を呼び出す必要がありますが、急速を要する場合には、呼び出さないまま証拠調べができます（240条）。

　証拠保全の申立は、相手方を指定することができない場合においても、することができますが、この場合には、裁判所は、相手方となるべき者のために特別代理人を選任することができます（236条）。例えば、交通事故で加害者が不明の場合でも将来の訴訟に備えて現場検証ができることにしていますが、この場合には将来の被告となる者が手続に関与できないので、裁判所が加害者の特別代理人を選任することができるとしたのです。

　証拠保全の手続において尋問をした証人（例えば、重病患者の臨床尋問）について、当事者が口頭弁論における尋問の申出をした場合は、裁判所は、その尋問をする必要があります（242条）。証拠保全手続では受訴裁判所（審理を担当する裁判所）が証人尋問を行うとは限らないし、相手方が立ち会っていない場合もあり、重病だった者が回復している場合もあ

るからです。

(4) 証拠保全手続の実務では、相手方の所持する診療録その他の書面、録音テープ、ビデオテープのような物件を検証する場合は、相手方の所在場所に裁判官、書記官、申立人等が複写機材（例えば、カメラ、携帯複写機、録音録画機材）を持参のうえ赴いて裁判官の指示で複製をします。相手方（例えば、医院）には複製義務はありませんが、コピーを実費でしてくれる場合もあります。

　訴えの提起前の証拠保全の申立は、本案訴訟（本来の案件の訴訟）の提起を予定して行われますが、十分な証拠が得られなかった場合には本案訴訟を提起しない場合もあります。証拠保全手続の後に本案訴訟が提起された場合は、証拠調べを行った裁判所の書記官は、本案の訴訟記録のある裁判所の書記官に対し、証拠調べに関する記録を送付する必要があります（規則154条）。この場合の本案訴訟の訴状には、(a)証拠調べを行った裁判所名と(b)証拠保全事件の事件番号の表示をする必要があります（規則54条）。

Q34 当事者照会の手続は、どのようにするのですか

1 当事者照会とは

(1) 当事者照会とは、各当事者が訴訟の係属中に相手方当事者に対して、相当の期間を定めて、主張又は立証の準備に必要な事項について、書面で回答をするように書面で照会をする制度をいいます（163条本文）。照会する者も照会される者も当事者（原告と被告）に限られます。照会することのできる期間は、訴訟の係属中（被告に訴状が到達した時から控訴審の口頭弁論終結時まで）とされています。照会できる事項は、主張又は立証を準備するために必要な事項に限られます。例えば、交通事故訴訟での同乗者の氏名と住所、貸金返還請求訴訟での弁済をしたとする資金の調達方法があります。

　当事者照会では、次のいずかに該当する照会はできません（163条但書）。
① 具体的又は個別的でない照会
② 相手方を侮辱し又は困惑させる照会
③ 既にした照会と重複する照会
④ 意見を求める照会
⑤ 相手方が回答するために不相当な費用又は時間を要する照会
⑥ 証言を拒絶することができる事項と同様の事項についての照会

(2) 当事者は、口頭弁論期日又は期日外においても裁判長に対して相手方に質問をしてくれるように求めることができますが（149条3項）、当事者照会の制度は、裁判長や裁判所を介さずに直接当事者間で照会することを認めた制度なのです。ただ、照会により回答を求められた者に対して回答をしない場合の制裁の規定はありません。しかし、適法な照会に対して回答を拒否した場合は、回答拒否の事実が口頭弁論の全趣旨とし

て考慮されると解されています。

2 当事者照会の実際
(1) 当事者照会の書式は決まっていませんが、次の書式例があります（規則84条）。

（書式例）

○○地方裁判所平成○年（ワ）第○○○号　損害賠償請求事件
原告　○○○○
被告　○○○○

当事者照会書

平成○年○月○日

被告　○○○○　殿

〒000-0000　○県○市○町○丁目○番○号
原告　　　　○○○○　（印）
（電話　000-000-0000）

頭書事件について、原告は、被告に対し、民事訴訟法第163条の規定に基づき下記の通り当事者照会を行う。

記

第1　照会事項
　1　被告が平成○年○月○日午前○時○分頃発生した交通事故による傷害の治療のため入院及び通院をした医療機関名、その住所、担当医師の氏名と住所

（中　略）

第2　照会の必要性
　1　原告は、被告主張の傷害の診療を担当した医師等を調査して、被告主張の傷害の程度等について主張又は立証を準備する必要がある。

（中　略）

第3　回答期限
　　平成○年○月○日

以上

(2) 当事者照会書には、次の事項を記載して当事者又は代理人が記名押印をします（規則84条2項）。相手方に代理人がある場合には、この照会書は代理人に対して送付します（規則84条1項）。
① 当事者及び代理人の氏名
② 事件の表示（事件番号、事件名の表示）
③ 訴訟の係属する裁判所の表示
④ 作成年月日
⑤ 照会をする事項及び照会の必要性
⑥ 民事訴訟法第163条の規定により照会する旨
⑦ 回答すべき期間
⑧ 照会をする者の住所、郵便番号、FAX番号

　回答書には、上記の①から④までの事項と照会事項に対する回答を記載して当事者又は代理人が記名押印をします。この場合、照会事項中に民事訴訟法第163条但書の照会できない事項に該当する（182頁参照）として回答を拒絶する場合は、その条項を記載します（規則84条3項）。

　照会事項は、項目を分けて記載するものとし、照会事項に対する回答は、できる限り、照会事項の項目に対応させて、かつ、具体的に記載するものとしています（規則84条4項）。

第 7 章●
判決の言渡し

Q35 判決とは、どんなものですか

1 判決とは

(1) 判決とは、裁判所（裁判官により構成される機関）が口頭弁論に基づいて判決書を作成して言い渡すことが要求される裁判をいいます。裁判の種類には、①判決のほかに、②口頭弁論を経ずにできる裁判所が行う決定、③口頭弁論を経ずにできる裁判官が行う命令があります。

裁判の種類（判決、決定、命令）の相違は次の通りです。

① **判決**は、裁判所が口頭弁論に基づいて終局的な判断又は中間的な判断を下す場合に用いられます。判決の言渡しは、判決書に基づいて行い、判決に対する不服申立は、二審が控訴、三審が上告となります。

② **決定**は、裁判所が判決事項以外の付随的事項や訴訟指揮に関する事項について口頭弁論を経ずに裁判をする場合に用いられます。言渡しは必要ではなく相当な方法での告知で足り、不服申立のできる場合は抗告によります。告知の方法には、言渡し、送達、書留郵便、普通郵便、直接交付、電話による通知があります。

③ **命令**は、裁判官が判決事項以外の付随的事項や訴訟指揮に関する事項について口頭弁論を経ずに裁判をする場合に用いられます。言渡しは必要ではなく相当な方法での告知で足ります。不服申立のできる場合は抗告によります。

(2) 訴訟が終了する場合には、①終局判決（その審級の訴訟を完結する判決）による場合と、②当事者の意思による場合とがあります。

① 終局判決には、次の場合があります。

 (a) 請求認容判決（原告の請求を認める判決）
 (b) 請求棄却判決（原告の請求を認めない判決）
 (c) 請求却下判決（原告の請求を不適法として門前払いにする判決）

(a)と(b)を本案判決（本来の案件についての判決）といい、(c)を訴訟判決（訴訟要件についての判決）といいます。
② 当事者の意思による場合には、次の場合があります。
 (a) 訴えの取り下げ（原告が裁判所に対して訴え自体を撤回すること）
 (b) 上訴の取り下げ（控訴や上告を撤回すること）
 (c) 請求の放棄（原告が請求に理由がないことを認めること）
 (d) 請求の認諾（被告が請求に理由があることを認めること）
 (e) 訴訟上の和解（当事者が互いに譲歩して訴訟を終了させる合意）

2 判決の種類

(1) 判決の種類は、次のように分類することができます。
　A　その審級の審理が終わる場合の終局判決
　　ア　審理が終結する範囲によって、①全部判決、②一部判決、③追加判決
　　イ　審理の対象によって、①本案判決、②訴訟判決
　B　その審級の審理が終わらない場合の中間判決

(2) 終局判決とは、係属中の事件の全部又は一部について、その審級の審理を完結させる裁判をいいます。終局判決は、審理が終結する範囲によって、次の通り①全部判決、②一部判決、③追加判決に分けられます。
　① 全部判決とは、同一訴訟手続で審理している事件の全部を同時に完結させる終局判決をいいます。裁判所は、事件の全部が裁判をするのに熟した場合は終局判決をします（243条1項）。
　② 一部判決とは、同一訴訟手続で審理している事件の一部を、他の部分と切り離して完結させる終局判決をいいます。裁判所は、事件の一部が裁判をするのに熟した場合は、その一部について終局判決をすることができます（243条2項）。ただ、一部判決は、残部判決と矛盾を生じる場合は許されないと解されています。
　③ 追加判決とは、裁判所が無意識に一部判決をした場合（裁判の脱漏の場合）、その脱漏した部分を追加して完結させる終局判決をいいます。

(3) 終局判決は、審理の対象によって、①本案判決と②訴訟判決に分けられます。
 ① 本案判決とは、訴えによる請求の理由又は上訴（控訴や上告）による不服申立の理由があるか否かを裁判する終局判決をいいます。これには、(a)請求認容判決（原告の請求を認める判決）と(b)請求棄却判決（原告の請求を認めない判決）とがあります。請求認容判決には、請求の性質により次の給付判決、確認判決、形成判決の３種類があります。
  ア 給付判決とは、金銭の支払いのような作為又は特定の行為をしない不作為を求める訴えを認容する判決で、例えば、損害賠償を命ずる判決があります。
  イ 確認判決とは、特定の権利や法律関係の存在又は不存在の確認を求める訴えを認容する判決で、例えば、建物所有権を確認する判決があります。
  ウ 形成判決とは、既存の法律関係の変更や新たな法律関係の発生を求める訴えを認容する判決で、例えば、離婚を宣言する判決があります。
 ② 訴訟判決とは、訴訟に必要な要件や上訴の要件を欠いていることを理由として訴えや上訴を不適法として却下する終局判決をいいます。例えば、訴え却下判決、控訴却下判決があります。

(4) 中間判決とは、審理の過程で当事者間で争点となった事項について終局判決に先立って判断を示す判決をいいます。中間判決をするか否かは、裁判所の裁量によることとされています。中間判決ができる場合として、裁判所は、①まだ終局判決はできないものの、それだけでまとまった主張や抗弁で、他と無関係に審判のできる場合、②訴訟手続上の要件の有無その他の中間の争いのある場合、③請求の原因と数額について争いがある場合の請求の原因について、裁判をするのに熟した場合は、中間判決をすることができます（245条）。

3 判決の成立

(1) 判決内容は、判決の基本となる口頭弁論に関与した裁判官（口頭弁論

終結時に立ち会っていた裁判官）で構成される裁判所によって確定される必要があります（249条1項）。このことを直接主義といいます。直接主義とは、判決をする裁判官が弁論の聴取や証拠調べを直接行う建前をいいます。ただ、口頭弁論終結前に裁判官が代わった場合は、当事者は、新しい裁判官の面前で従前の口頭弁論の結果を陳述することで済ませています。これを弁論の更新といいます（249条2項）。実務では、口頭弁論期日に裁判官が交代した事実を述べて期日の調書に「口頭弁論の結果を陳述」と記載するだけです。単独の裁判官が代わった場合や合議体の裁判官の過半数が代わった場合は、その前に尋問をした証人について、当事者が更に尋問の申出をした場合には、裁判所は、その尋問をする必要があります（249条3項）。

　判決内容を確定するには、単独制（一人制）の場合は単独で決定しますが、合議制の場合は3人全員で協議をして過半数の評決によって決定します（裁判所法77条1項）。

(2)　判決は、言渡しによってその効力を生じます（250条）。判決の言渡しとは、確定した判決内容を言渡し前に作成した判決書原本に基づいて宣告をする行為をいいます。判決の言渡しは、口頭弁論期日に公開の法廷で裁判長が判決書原本に基づいて主文（判決の結論を表示した部分）を朗読して行います（規則155条1項）。裁判長は、相当と認める場合は、判決の理由を朗読し又は口頭でその要領を告げることができます（規則155条2項）。

(3)　判決の言渡しは、事件が複雑である場合その他特別の事情がある場合を除き、口頭弁論の終結の日から2カ月以内にする必要があります。判決の言渡しは、当事者が在廷しない場合でもすることができます（251条）。判決の言渡し日に当事者の訴訟行為は必要がないので、当事者の在廷は不要としています。

　判決書は、判決の言渡し後遅滞なく書記官に交付し、書記官は、判決書正本を作成して判決書の交付を受けた日又は判決言渡し日から2週間以内に当事者に送達する必要があります（規則158条・159条）。実務では、

判決言渡しの時刻を過ぎたら書記官室で判決書正本の送達（交付）が受けられます。上訴（控訴や上告）のできる期間は、当事者が判決書正本の送達を受けた日から2週間以内とされています（285条、313条）。

(4) 裁判所は、判決に法令の違反があることを発見した場合は、その言渡し後1週間以内に限り、変更の判決をすることができます。ただし、判決が確定した場合や判決を変更するため事件について更に弁論をする必要がある場合は除かれます。変更の判決は、口頭弁論を経ないでします（256条）。

判決に計算違い、誤記その他これらに類する明白な誤りがある場合は、裁判所は、当事者の申立により又は裁判所の職権で、いつでも更正決定（訂正すること）をすることができます。更正決定に対しては、即時抗告（1週間以内にする不服申立）ができますが、判決に対して適法な控訴があった場合は除かれます（257条）。

仮執行（判決確定前の強制執行）の宣言として、裁判所は、財産上の請求（例えば、損害賠償請求）に関する判決について、必要があると認める場合は、当事者の申立により又は裁判所の職権で、担保を立てて又は立てないで仮執行をすることができることを宣言することができます（259条1項）。裁判所は、申立により又は職権で、担保を立てて仮執行を免れることができることを宣言することができます。これを仮執行免脱宣言といいます（259条3項）。仮執行の宣言も仮執行免脱宣言も判決の主文に掲げる必要があります（259条4項）。

4　和解による訴訟の終了

(1) 判決による訴訟の終了のほか当事者間の和解によって訴訟が終了する場合があります。和解とは、当事者が互いに譲歩をして当事者間に存在する争いを止めることを約束する契約をいいます。和解契約について民法695条は「和解は、当事者が互いに譲歩をしてその間に存する争いをやめることを約することによって、その効力を生ずる」として和解契約の要件を規定しています。当事者の一方のみが譲歩をする場合は和解となりませんが、「示談」として当事者の一方のみが譲歩をする契約もあ

ります。

　和解には、次の種類があります。次の②と③を「裁判上の和解」といいます。
① 　民法上の和解契約（民法695条）
② 　訴訟上の和解（276条）
③ 　訴え提起前の和解（275条）

(2)　訴訟上の和解とは、訴訟の係属中に当事者が訴訟物（審判の対象）についての主張を互いに譲歩をして訴訟を終了させる旨の期日における合意をいいます。訴訟上の和解も、当事者双方が互いに譲歩をすることが必要ですから、当事者の一方のみの譲歩は、請求の認諾（被告のみの譲歩）又は請求の放棄（原告のみの譲歩）となります。

　①訴訟上の和解、②請求の認諾、③請求の放棄を期日の調書に書記官が記載した場合は、その記載は、確定判決と同一の効力を有します（267条）。書記官は、期日ごとに調書を作成しますが、口頭弁論期日、和解期日その他の期日の調書に和解契約の内容が記載されると、その記載は確定判決と同一の効力を有することになります。

　裁判所は、訴訟がいかなる程度にあるかを問わず、訴訟上の和解を試み、又は受命裁判官（裁判長の指定を受けた裁判官）若しくは受託裁判官（他の裁判所の裁判官）に訴訟上の和解を試みさせることができます（89条）。

(3)　訴え提起前の和解（起訴前の和解）とは、当事者が①請求の趣旨、②請求の原因、③争いの実情を記載した書面を相手方の住所地の簡易裁判所に提出して和解を申し立てることにより行われる訴訟係属前の和解手続をいいます（275条1項）。申立人又は相手方が和解期日に出頭しない場合は、裁判所は、和解が調わないものとみなすことができます（275条3項）。起訴前の和解が調った場合は、書記官は調書に記載する必要がありますが、その記載は確定判決と同一の効力を有します（規則169条）。起訴前の和解と訴訟上の和解を裁判上の和解といい、民法の和解契約とは区別されます。

Q36 判決書には、どのように書かれているのですか

1 判決書とは

(1) 判決書とは、判決内容が確定した場合に判決の言渡し前に作成される書面をいいます。判決の言渡しは、判決書の原本に基づいてなされます（252条）。原本とは、作成者が確定的なものとして最初に作成した文書をいいます。判決書は、原告の申し立てた請求について当事者が提出した攻撃防御方法（自分の主張とそれを裏付ける証拠の提出）に基づき裁判所が行った事実認定と法律の解釈適用による判断を示すものです。

(2) 判決書には、次の事項を記載する必要があります（253条1項）。次の②の事実の記載においては、原告の請求を明らかにし、かつ、主文が正当であることを示すのに必要な主張を摘示する必要があります（253条2項）。

① 主文（判決の結論）
② 事実（原告の請求の内容や当事者の主張）
③ 理由（判決の結論を導き出した理由）
④ 口頭弁論の終結の日
⑤ 当事者とその法定代理人
⑥ 裁判所の表示

① **主文**とは、判決内容の結論を示す部分で、終局判決（その審級の審理を完結させる裁判）では訴えや上訴に対する応答を示します。例えば、次のような結論が示されます。

ア 原告の請求を棄却する　（原告の請求を認めない結論）
イ 原告の訴えを却下する　（原告の請求自体を不適法とする結論）
ウ 被告は原告に対し500万円を支払え　（請求の全部又は一部の認容判決）

② **事実**とは、当事者の口頭弁論における主張と立証を要約した部分をいいます。事実には、当事者間に争いのない事実や当事者間に争いのある事実の各要点を記載します。事実の記載においては、(a)原告の請求（審判の対象）を明らかにし、かつ、(b)判決の結論である主文が正当であることを示すのに必要な主張を示す必要があります（253条2項）。当事者のすべての主張を示す必要はなく、主文が正当であることを示すのに必要な主張だけを示せば足りるのです。

③ **理由**とは、主文に示された結論に至る判断過程を示した部分をいいます。判決は、「口頭弁論の全趣旨及び証拠調べの結果」を斟酌してなされますから（247条）、これによって認定された事実と、認定された事実に法律を適用する部分が理由として記載されます。

④ **口頭弁論終結の日**は、判決の既判力（確定判決の主文の判断について生じる拘束力）の基準時を明らかにするために記載します。既判力によって、同一事項が後日再び問題となった場合に裁判所は前訴と矛盾する判断ができなくなります。

⑤ **当事者**は、判決の名宛人ですから通常は住所と氏名で特定します。法定代理人は、当事者が無能力者（例えば、未成年者、成年被後見人）や会社のような法人の場合に当事者に代わって訴訟の追行をした者です。

⑥ そのほかの判決書の記載事項には、(a)裁判所名、(b)判決をした裁判官の署名と押印（規則157条）、(c)事件番号と事件名、(d)判決という表題があります。

2 判決書の実際

(1) 判決書の書式は決まっていませんが、次の書式例があります。

（書式例）

```
平成○年○月○日判決言渡し　同日原本領収　裁判所書記官　○○○○
平成○年（ワ）第○○○号　損害賠償請求事件
口頭弁論終結日　平成○年○月○日
                    判　　決
            ○県○市○町○丁目○番○号
```

　　　　　　原告　　　　○○○○
　　　○県○市○町○丁目○番○号
　　　　　　被告　　　　○○○○
　　　　　　同訴訟代理人弁護士　○○○○
　　　　　　　　主　文
1　原告の請求を棄却する。
2　訴訟費用は原告の負担とする。
　　　　　　　事実及び理由
第1　請求
　　被告は、原告に対し、500万円及びこれに対する平成○年○月○日から支払済みまで年5分の割合による金員を支払え。
第2　事案の概要
　　本件は、……を求めた事案である。
　1　前提事実（争いがないか、証拠及び弁論の全趣旨から容易に認められる事実）
　　　　　　　　（中　略）
　2　争点
　　(1)　……についての違法性の有無
　　　ア　原告の主張
　　　　　　　　（中　略）
　　　イ　被告の主張
　　　　　　　　（中　略）
　　(2)　原告の損害の有無
　　　ア　原告の主張
　　　　　　　　（中　略）
　　　イ　被告の主張
　　　　　　　　（中　略）
第3　当裁判所の判断
　1　争点(1)について
　　　　　　　　（中　略）
　2　争点(2)について

(中略)

第4 結論
　よって、原告の請求を棄却することとし、主文のとおり判決する。

　　　　　　　　　　　　○○地方裁判所民事部
　　　　　　　　　　　　　　　裁判長裁判官　○○○○
　　　　　　　　　　　　　　　　　　裁判官　○○○○
　　　　　　　　　　　　　　　　　　裁判官　○○○○

これは正本である。
　　平成○年○月○日
　　　　　　　　　　　　○○地方裁判所民事部
　　　　　　　　　　　　　　裁判所書記官　○○○○　（書記官印）

(2)　上記の判決書の最も重要な確認箇所は「第3　当裁判所の判断」です。判決の結論である主文が誤っている場合は、その結論に至る過程の「当裁判所の判断」に誤りがあるからです。
　　一審判決に不服がある当事者は、判決書の正本の送達を受けた日から2週間以内に控訴を提起することができます（285条）。2週間の控訴期間の計算は初日を算入せずに一審判決の送達のあった日の翌日から計算します。

Q37 判決の効力とは、どんなものですか

1 判決の効力の意味

(1) 民事訴訟の役割は、私人間の私的な紛争を強制的に解決することにありますから、判決によって紛争を解決するためには国家権力による強制力が必要になります。そのために判決には各種の効力が認められているのです。

訴訟の当事者が費用や時間をかけて訴訟を追行して得た確定判決が裁判所自身によって容易に変更されたり、後訴の裁判所によって確定判決が否定された場合は、勝訴をした当事者は無駄な努力をしたことになりますから、判決には法的安定性が必要とされるのです。

(2) 判決の効力は、次の通り(a)手続的な効力と、(b)本来的な効力に分けることができます。
   (a) 手続的な効力には、次の効力があります。
      ① 自己拘束力（判決をした裁判所自身が拘束される効力）
      ② 覊束力（他の裁判所に対する拘束力）
   (b) 本来的な効力には、次の効力があります。
      ③ 既判力（判決の主文中の判断に生ずる拘束力）
      ④ 形成力（新たな法律関係の発生・変更・消滅を生じさせる効力）
      ⑤ 執行力（給付判決による強制執行ができる効力）
      ⑥ 付随的な効力

2 判決の自己拘束力

判決の自己拘束力とは、判決が言い渡されて成立すると（250条）、その判決をした裁判所は、その判決の撤回や変更ができなくなる拘束力をいいます。判決の自縛性ともいいます。

判決の自己拘束力を認める理由は、判決の成立が不安定では判決が事件を解決する機能を果たし得ないからですが、次の例外があります。
① 判決の更正として、判決書に計算違い、誤記その他これらに類する明白な誤りがあった場合は、裁判所は、当事者からの申立により又は裁判所の職権で、いつでも更正決定をすることができます（257条）。
② 判決の変更として、裁判所は、判決に法令違反があることを発見した場合は、その言渡し後1週間以内に限り、変更の判決をすることができます（256条）。

3　判決の羈束力

判決の羈束力とは、ある裁判所のした判決が他の裁判所の判断を拘束し、他の裁判所はこれと異なる裁判をすることができない効力をいいます。例えば、次の例があります。
① 事実審の判決で適法に確定した事実は上告裁判所を拘束します（321条1項）。
② 上告裁判所が差し戻し又は移送をした場合は、上告裁判所が破棄の理由とした事実上及び法律上の判断は、差し戻し又は移送を受けた裁判所を拘束します（325条3項）。
③上級審の裁判所の裁判における判断は、その事件について下級審の裁判所を拘束します（裁判所法4条）。

4　判決の既判力

判決の既判力とは、確定判決の主文中の判断（審判の対象についての判断）について生じる拘束力をいいます。判決が確定すると、当事者も裁判所もその判断内容に拘束されますから、同一事項について再び訴えが提起されても、前の裁判所の判断に反することはできないという紛争の蒸し返しを防ぐためのものです。

既判力は判決のどの部分について生じるのかについては、確定判決の主文に包含するものに限り既判力を有するとされています（114条1項）。確定判決の理由中の判断には既判力は生じないのです。しかし、例外として、被告が相殺（対等額で債務を消滅させること）のために主張した請求の成立又は不

成立の判決理由中の判断は、相殺をもって対抗した額について既判力を有します（114条2項）。

　既判力のある判断が、どの基準時点における判断としての効力を有するのか（既判力の時間的限界）については、事実審（二審まで）の口頭弁論の終結時点とされています。

5　判決の形成力

　判決の形成力とは、形成判決の確定によって新たな法律関係の発生や従来の法律関係の変更・消滅を生じさせる効力をいいます。形成判決とは、既存の法律関係の変更や新たな法律関係の創設を宣言する判決をいいます。例えば、離婚を宣言したり、株主総会の決議の取消を宣告する判決をいいます。

6　判決の執行力

　判決の執行力とは、給付判決の確定により、その給付義務を強制執行手続で実現することができる効力をいいます。給付判決とは、原告が被告に対し、報酬支払、土地明渡その他の何らかの作為又は不作為を給付請求権に基づいて提起した給付の訴えに対して請求を認容した判決をいいます。給付判決は、原告が主張した被告の給付義務が存在することを宣言したものです。

　強制執行をするには「債務名義」が必要です。債務名義とは、執行力を有することを証する証書をいいます。債務名義の主なものには、次のものがあります（民事執行法22条）。

①　確定判決
②　仮執行の宣言を付した判決
③　抗告によらなければ不服申立のできない裁判（例えば、差押物の引渡命令）
④　仮執行の宣言を付した損害賠償命令
⑤　仮執行の宣言を付した支払督促
⑥　執行証書
　　執行証書とは、金銭の一定額の支払又はその他の代替物（例えば、米）若しくは有価証券（例えば、商品券）の一定数量の給付を目的とする請求について公証人が作成した公正証書で、債務者が直ちに強制執行に服す

る旨の陳述が記載されているものをいいます。
⑦　確定判決と同一の効力を有するもの（例えば、訴訟上の和解調書、請求認諾調書、家事調停成立調書、家事審判の審判書）

第8章
上訴の手続

Q38 上訴とは、どういうことですか

1 上訴とは

(1) 上訴とは、裁判の確定前に上級裁判所に対して、その裁判（原裁判）の取消や変更を求める不服申立をいいます。判決に対する上訴を控訴、上告といい、例えば、①一審の地方裁判所の判決に対し二審の高等裁判所に控訴する場合や②二審の高等裁判所の判決に対し三審の最高裁判所に上告する場合があります。

　上訴の制度の目的は、①不当な裁判によって受ける不利益から当事者を救済し当事者の権利保護を図ることと、②法令の解釈適用の統一を図ることにあります。裁判に対する国民の信頼を得るためには誤判を少なくすることが必要であり、全国各地の裁判所の異なった法令の解釈適用を最高裁判所で統一する必要があるのです。

(2) 日本の裁判制度は三審制（2回に限って不服申立を許す制度）を採用しており、一審は地方裁判所又は簡易裁判所、二審は高等裁判所又は地方裁判所、三審は最高裁判所又は高等裁判所で審理されます。一審の裁判所は請求額140万円以下の場合は簡易裁判所、その他の場合は地方裁判所となります。

一審の地方裁判所→二審の高等裁判所→三審の最高裁判所
一審の簡易裁判所→二審の地方裁判所→三審の高等裁判所

　二審の審理は、一審の場合と同様に事実認定と法律解釈の両面から審理をしますが、三審では二審判決の憲法違反その他の法律解釈の面から審理をする法律審とされていますから、三審制といっても実際には二審で勝訴しないと、事実認定をしない三審に期待することはほとんどできません。

2 上訴の種類

(1) 上訴（不服申立制度）の種類は、次の通りです。
　① 控訴（一審判決に対する上級裁判所への不服申立）
　② 上告（二審判決に対する上級裁判所への不服申立）
　③ 抗告（決定や命令の裁判に対する上級裁判所への不服申立）
　　決定とは、口頭弁論なしにできる裁判所の裁判をいいます。
　　命令とは、口頭弁論なしにできる裁判官の裁判をいいます。
　④ 上告受理申立（最高裁に上告審として受理するよう求める申立）
　⑤ 再審（確定判決に法定の重大な理由がある場合は審理のやり直し制度）

(2) 上訴の制度の仕組みは、次の通りになっています。
　① **控訴**とは、一審の終局判決（その審級の審理を完結させる判決）に対する二審の上級裁判所への上訴をいいます。控訴の対象となる判決は、地方裁判所又は簡易裁判所の一審の終局判決であり、一審が地方裁判所の場合は高等裁判所に控訴をし、簡易裁判所の場合は地方裁判所に控訴をします。
　② **上告**とは、二審の終局判決に対する三審の上級裁判所への上訴をいいます。上告の対象となる判決は、控訴審の終局判決であり、二審が高等裁判所の場合は最高裁判所に上告をし、地方裁判所の場合は高等裁判所に上告をします。上告のできる場合は、二審判決に憲法違反その他の法定の理由がある場合に限られます。高等裁判所が三審（上告審）の場合には憲法違反を理由として最高裁判所に「特別上告」をすることができますから、この場合は例外的に「四審制」となります。
　③ **抗告**とは、決定（口頭弁論なしにできる裁判所の裁判）や命令（口頭弁論なしにできる裁判官の裁判）に対する独立の上訴をいいます。抗告には、(a)即時抗告と(b)通常抗告とがあります。(a)即時抗告とは、法律に定めた場合に限り裁判（決定や命令）の告知を受けた日から1週間以内にのみ提起することができ、提起により原裁判の執行停止の効力を生じます（334条1項）。(b)通常抗告とは、提起期間の定めがなく、抗告の利益があれば、いつでも提起することができます。
　④ **上告受理申立**とは、上告審が最高裁判所である場合に二審判決に最

高裁判所判例の違反その他の法令の解釈に関する重要な事項を含む事件を最高裁判所に上告として受理することを求める申立をいいます（318条）。不適法な申立又は重要事項を含まない場合は不受理決定がなされます。この申立と併せて上告をする場合は最高裁判所あての「上告状兼上告受理申立書」を提出します。
⑤　**再審**とは、確定判決に対して法定の再審事由がある場合に、その判決の取消と事件の再審理を求める不服申立制度をいいます（338条）。ただ、法定の再審事由が厳格過ぎて、実際には民事訴訟法が規定はしているものの「開かずの扉」となっています。

3　上訴の要件
(1)　上訴の要件として次の要件を満たすことが必要です。
　①　原裁判（判決、決定、命令）が不服申立のできる裁判であること。
　②　上訴提起の方式が法定の手続に合致していること。
　③　上訴をするについての障害がないこと。
　④　上訴の利益（不服申立の利益）があること。
　⑤　上告の場合は上告制限の理由に該当しないこと。

(2)　上訴の要件の有無は、上訴審の審理終結時点を基準として判断しますが、上訴提起の方式は上訴提起時点を基準として判断します。上訴の要件の詳細は次の通りです。
　①　原裁判（判決、決定、命令）が不服申立のできる裁判であること。
　　ア　控訴や上告は終局判決（その審級の審理を完結させる判決）を対象としますから、中間判決は対象となりません。一部判決、差戻判決、移送判決は対象となります。
　　イ　抗告は決定や命令を対象とします。訴訟費用の裁判は付随的な裁判ですから、上訴の対象となりません。
　②　上訴提起の方式が法定の手続に合致していること。
　　ア　上訴期間内に上訴がなされることが必要ですから、判決に対する控訴や上告は、判決書の送達を受けた日から２週間以内に提起する必要があります（285条、313条）。

イ　決定や命令の裁判に対する即時抗告は、裁判の告知を受けた日から1週間以内に提起する必要があります（332条）。通常の抗告は、裁判の取消を求める利益がある限り、いつでも提起することができます。

　　ウ　上訴提起の方式は書面による必要があり、上訴状は原裁判所に提出します。

③　上訴をするについての障害がないこと。

　　ア　上訴をしない旨の合意がある場合は上訴はできませんから、第一審の終局判決の言渡しにより判決が確定します。

　　イ　上訴権の放棄をした後の上訴は不適法となります。

④　上訴の利益（不服申立の利益）があること。

　　ア　上訴の利益とは、上訴人が原判決によって不利益を受けたことをいいます。

　　イ　上訴は原判決を不服とする場合ですから、不服申立をする利益が必要です。

⑤　上告の場合は上告制限の理由に該当しないこと。

　　ア　上告は、二審判決に憲法違反その他の上告理由のある場合に限られます。

　　イ　上告審は法律審として原判決において適法に確定された事実に基づいて裁判をします。

Q39
控訴の手続は、どのようにするのですか

1 控訴とは

(1) 控訴とは、一審の終局判決（その審級の審理を完結させる判決）に対する二審の上級裁判所への上訴（原判決の取消や変更を求める不服申立）をいいます。控訴の対象となる判決は、地方裁判所又は簡易裁判所の一審の終局判決であり、上訴は次の通り行われます。ただ、高等裁判所が三審（上告審）の場合には、憲法違反を理由として更に最高裁判所に「特別上告」ができます（327条1項）。憲法解釈の統一を図る必要があるからです。

控訴の申立人を「控訴人」といい、相手方を「被控訴人」といいます。

一審	二審（控訴審）	三審（上告審）
地方裁判所の場合	→ 高等裁判所 →	最高裁判所
簡易裁判所の場合	→ 地方裁判所 →	高等裁判所

(2) 控訴のできる要件としては控訴の利益（不服申立の利益）があることが必要です。控訴の利益とは、控訴人が原判決によって不利益を受けたことをいいます。不利益を受けたとは、各当事者の申立と原判決（一審判決）の主文とを比較して、主文の内容が申立の内容に及ばない場合（全部勝訴でない場合）をいいます。全部勝訴をした原告又は被告は控訴を提起することはできませんが、全部勝訴でない場合は原告も被告も控訴を提起することができます。双方の当事者が控訴を提起した場合は「控訴人兼被控訴人」となります。

控訴審の仕組みは、一審で収集された訴訟資料（物証や人証から得られた内容）を前提として更に控訴審で新たに収集される訴訟資料を加えて、控訴審の口頭弁論の終結時点を基準として控訴の当否を判断する仕組みを採っています。一審での訴訟行為の効力は控訴審でも効力を有するとされていますが（298条1項）、このことを続審制とか続審主義といいま

す。従って、当事者は、控訴審において一審の口頭弁論の結果を陳述することとしています（296条2項）。この陳述を「弁論の更新」といいます。

2 控訴の手続

(1) 控訴の提起は、控訴人となる者が一審の判決書（判決書に代わる調書も同じ）の正本の送達を受けた日から2週間以内に一審の裁判所（原裁判所）に控訴状を提出する必要があります（285条）。2週間の期間は送達を受けた日の翌日から計算します。判決書正本の送達を受ける前でも控訴を提起することができます。

控訴の理由（一審判決の取消又は変更を求める理由）は控訴状に記載するか、控訴状に記載しない場合には、控訴人は、控訴の提起後50日以内に控訴理由書を控訴裁判所に提出する必要があります（規則182条）。控訴理由書の性質は準備書面ですから、控訴提起後50日以内に提出しなくても制裁はありませんし、控訴が却下されることもありません。裁判長は、控訴理由書に対する反論書の提出を相当の期間を定めて被控訴人に命ずることができます（規則183条）。

(2) 控訴状の書式は決まっていませんが、次の書式例があります。
（書式例）

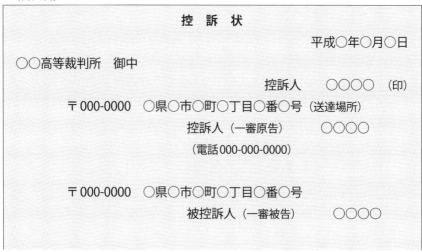

損害賠償請求控訴事件
　　訴訟物の価額　　○○○万円
　　貼用印紙額　　　○万○千円

上記当事者間の○○地方裁判所平成○年（ワ）第○○○号損害賠償請求事件について平成○年○月○日に言い渡された下記判決は全部不服であるから控訴を提起する。

記

第1　原判決の表示
　1　原告の請求を棄却する。
　2　訴訟費用は原告の負担とする。
第2　控訴の趣旨
　1　原判決を取り消す。
　2　被控訴人は、控訴人に対し、○○○万円及びこれに対する平成○年○月○日から支払済みまで年5分の割合による金員を支払え。
　3　訴訟費用は、第一審、第二審とも被控訴人の負担とする。
　4　仮執行宣言
第3　控訴の理由
　　追って、控訴理由書を提出する。

以上

① 貼用印紙額は、訴状の印紙額の1.5倍となります。収入印紙は貼付せずに一審裁判所の控訴状受付係に手渡します。

② 控訴状を提出する際には郵便切手を予納する必要がありますから、事前に電話で書記官に種類と枚数を聞いておきます。

③ 控訴状の提出通数は、裁判所用1通と被控訴人の数を提出します。控訴人の控えも裁判所に持参して受付印を押印して貰います。

④ 控訴状に控訴理由を記載していない場合には、控訴提起後（控訴状を提出した日から）50日以内に控訴裁判所あてに控訴理由書を提出します。

⑤ 訴訟物の価額については、一審判決で原告が一部勝訴をした場合、

(a)例えば、1千万円の請求に対して700万円が認容された場合の一審原告の提出する控訴状の訴訟物の価額は控訴の利益額の300万円となり、印紙額は300万円の訴状の場合の1.5倍の印紙額（3万円）となります。(b)一方、この場合の一審被告の提出する控訴状の訴訟物の価額は控訴の利益額の700万円となり、印紙額は700万円の訴状の場合の1.5倍の印紙額（5万7千円）となります。

⑥　控訴の手続の流れは、次のようになります。控訴審の手続は、特別の定めのある場合を除き、一審の訴訟手続の規定が準用されます（297条）。

　　ア　一審の裁判所へ控訴裁判所あての控訴状を提出する（控訴期間は判決書正本の送達の日から2週間以内とされています）
　　イ　一審の裁判所による控訴状の適法性の審査がなされます（補正が不能の場合は控訴の却下となります）
　　ウ　一審の裁判所の書記官から控訴裁判所に訴訟記録が送付されます
　　エ　控訴裁判所の裁判長による控訴状の審査がなされます（補正が不能の場合は控訴の却下となります）
　　オ　控訴人は控訴提起後50日以内に控訴理由書を提出します
　　カ　控訴状を被控訴人へ送達します
　　キ　裁判長は控訴理由書に対する反論書（答弁書）の提出を求めます
　　ク　第1回口頭弁論期日

3　控訴理由書と答弁書

(1)　控訴状に一審判決の取消又は変更を求める事由（控訴理由）の具体的な記載のない場合は、控訴人は、控訴の提起後（控訴状の提出後）50日以内に控訴理由書を控訴裁判所（一審が地方裁判所の場合は高等裁判所）に提出する必要があります（規則182条）。ただ、50日以内に控訴理由書を提出しない場合でも控訴人に対する制裁はなく、控訴が却下されることもありません。

　　控訴理由書（一審判決の取消又は変更を求める理由を具体的に記載した書面）の書式は決まっていませんが、次の書式例があります。

（書式例）

> 平成○年（ネ）第○○○号　損害賠償請求控訴事件
> 控訴人（一審原告）　○○○○
> 被控訴人（一審被告）　○○○○
>
> **控訴理由書**
>
> 　　　　　　　　　　　　　　　　　　　平成○年○月○日
>
> ○○高等裁判所　御中
>
> 　　　　　　　　　　　　　　　　控訴人　　○○○○　（印）
>
> 頭書事件について、控訴人は、下記の通り控訴理由を提出する。
>
> 記
>
> 　1　原判決には、以下に述べる通り、……についての事実認定及び法律の解釈適用に重大な誤りを犯しているので、原判決は取り消される必要がある。
> 　2　原判決第2の1の(2)では、「……」と断定しているが、誤りである。けだし、……だからである。
>
> （以下省略）
>
> 　　　　　　　　　　　　　　　　　　　　　　　　　　　以上

(2)　控訴理由書には、一審判決の取消又は変更を求める事由を具体的に記載する必要がありますから（規則182条）、原判決（一審判決）のどの部分が、どのように誤っているのかを具体的に指摘し、その理由を明記する必要があります。控訴審（二審）では、①事実認定の誤りと②法律の解釈適用の誤りの両方について審理をしますから、原判決中の両方の誤りを具体的に指摘します。判決の主文（判決の結論）が誤っていることは、当然、結論に至るまでの判決の理由が誤っていますから、判決書の「当裁判所の判断」の中に示された判決理由の誤りを具体的に指摘する必要があるのです。

　一審裁判所に提出した控訴状は、補正不能として控訴を却下する場合を除いて二審の控訴裁判所に訴訟記録とともに送付されますが、控訴裁判所の書記官から訴訟記録が到達した旨の通知文書が控訴人に送付されます。控訴人は、その通知文書に記載されている二審の事件番号を控訴

理由書に記載して指定された提出期限（控訴状提出日から50日）までに控訴理由書を裁判所に提出します。提出通数は、控訴状と同様に裁判所用1通と被控訴人の数となります。

　控訴理由書を提出する際には、できる限り、新たな書証の提出や証人申請も同時にするようにします。二審で新たに提出する書証の番号は、例えば、一審で甲第20号証まで提出していた場合は、甲第21号証からの一連番号を付します。書証を提出する場合には、同時に「証拠説明書」も提出します。

(3)　控訴理由書で判決の理由の誤りを具体的に指摘する場合の記載例には、次の記載例があります。

（記載例）

　① 　原判決の主文2において「……」としているが、以下に述べる通り、その事実認定及び法律の解釈適用に重大な誤りを犯しているので、原判決は取り消されるべきである。

　② 　原判決の第3（当裁判所の判断）の1の(2)には、「……」と断定するが、すべて誤りである。その理由は、……だからである。

　③ 　原判決第3の1の(3)（5頁7行目以下）には、「……」と述べているが、その事実認定は誤りである。けだし、……だからである。

　④ 　原判決の第3の1の(4)では、「……」と断定するが、何らの証拠も根拠もない恣意的な独断に基づく誤った判断である。

　⑤ 　原判決の第3の1の(5)（6頁8行目以下）では、「……」と断定しているが、裁判官○○○○の予断と偏見と独断に基づいた誤った違法な判決である。けだし、……だからである。

　⑥ 　原判決の第3の2の(1)では、「……」とするが、理由不備、理由齟齬、審理不尽、経験則違反の違法な判決である。けだし、……だからである。

　⑦ 　原判決の第3の2の(2)にいう「……」と「……」とは無関係であり、見当はずれの違法な判決理由である。

　⑧ 　原判決の第3の2の(3)には、「……」と断定するが、「……」と断定する証拠は何ら存在しないのである。

⑨　原判決の第3の2の(4)には、「……」と断定するが、何故「……」となるのかの理由も示さない理由不備の違法な判決である。
⑩　原判決の第3の2の(6)には、「……」とするが、経験則違反（自然法則違反、論理法則違反、数学上の原理違反）の違法な判決である。
⑪　以上のいずれの点からも原判決は明らかに誤った違法な判決であり、取り消される必要がある。

　裁判官が判断を誤る主な原因は、事実判断の前提となる経験則に違反する判断をするからです。経験則とは、法規以外の一般知識上の法則をいいます。経験則には次の法則が含まれます。
　ア　自然法則（例えば、水は高地から低地に流れるといった自然法則）
　イ　論理法則（例えば、人間の思考の法則）
　ウ　数学上の原理（例えば、ピタゴラスの定理）
　エ　慣習（例えば、取引上の慣習）
　オ　条理、信義則（信義誠実の原則）、道義、慣例
　カ　社会通念（例えば、一般常識、取引の通念）

　判決の結論（主文）が誤っている場合は、判決書中の「当裁判所の判断」の中の(a)事実に認定の誤りと(b)法令の解釈適用の誤りとがあります。これらの誤りが生ずる主な原因には、裁判官に次のような原因があります。
①　裁判官が証拠に基づかない恣意的な判断をする。
②　経験則（社会通念その他）に反する非常識な判断をする。
③　思いこみにより予断と偏見と独断による判断をする。
④　自分の結論に不利な事実や証拠は無視する。
⑤　自由心証主義を悪用して勝手な判断をする。
⑥　水戸黄門の印籠のように行政の「裁量権」を持ち出す。
⑦　論理法則を無視して理屈の通らない理由を挙げる。
⑧　虚偽の証言を見抜けない。
⑨　審理を十分に尽くさない。

4　控訴審の終結

(1)　控訴審は、その終局判決（その審級の審理を完結する判決）により終結

しますが、①控訴の取り下げ（控訴人の控訴の撤回の意思表示）、②訴えの取り下げ（原告の訴え自体の撤回の意思表示）、③請求の放棄（原告が請求に理由のないことを認める意思表示）、④請求の認諾（被告が請求に理由があることを認める意思表示、⑤訴訟上の和解（当事者双方の互譲により解決する合意）によっても終結します。

(2) 控訴審の終局判決には、次の通り、①控訴却下の判決、②控訴棄却の判決、③控訴認容の判決の3種類があります。

　　　　訴訟判決……①控訴却下の判決
　　　　本案判決……②控訴棄却の判決、③控訴認容の判決

① 控訴却下の判決は、控訴の要件を欠いた不適法な場合になされます。控訴が不適法でその不備を補正することができない場合は、控訴裁判所は、口頭弁論を経ないで、判決で、控訴を却下することができます（290条）。

② 控訴棄却の判決は、審理の結果、原判決（一審判決）の結論が正当であり不服申立に理由がないと判断した場合になされます。原判決の理由が不当であっても、他の理由によって同一の結論（判決の主文）に達する場合も控訴棄却とされます（302条）。判決理由中の判断には既判力（確定判決と異なる判断ができない効力）が生じないからです。これらの判断は、控訴審の口頭弁論終結時点を基準として判断されます。

③ 控訴認容の判決は、原判決（一審判決）の結論を不当とする場合（305条）又は原判決の手続が法律に違反した場合（306条）には、控訴裁判所は、原判決を取り消し、自ら判決をするか（自判）、事件を一審裁判所に差し戻すか、又は管轄違いの場合は管轄裁判所へ移送します。

Q40 上告と上告受理申立の手続は、どのようにするのですか

1 上告と上告受理申立とは

(1) **上告**とは、控訴審の終局判決に対する法律審（法律問題だけを審理する上級審）への上訴の申立をいいます。例外的に飛躍上告（控訴権のみの放棄の合意による上告）の合意がある場合は、一審から直ちに上告をすることができます（281条1項但書）。高等裁判所が上告審となる終局判決に憲法違反を理由とする最高裁判所への上告を特別上告といいます（327条）。

　　一審の裁判所　　　二審の裁判所　　　三審の裁判所
① 地方裁判所　　→　高等裁判所　　→　最高裁判所（上告審）
② 簡易裁判所　　→　地方裁判所　　→　高等裁判所（上告審）
　②の場合の高等裁判所の判決に憲法違反がある場合は、最高裁判所に「特別上告」をすることができます（327条）。
③ 地方裁判所　　→　（飛躍上告）　→　最高裁判所（上告審）
④ 簡易裁判所　　→　（飛躍上告）　→　高等裁判所（上告審）

(2) 上告ができる要件としては、①上告の利益（上告人が控訴審判決により不利益を受けたこと）と、②上告理由が必要になります。上告理由とは、上告審が原判決（控訴審判決を破棄すべき不服の理由）をいいます。

　上告の理由（上告審が原判決を破棄すべき不服の理由）は、大別すると、次のような①憲法違反（312条1項の一般的上告理由）と、②重大な手続法違反（312条2項各号の絶対的上告理由）とに分けられます。

① 原判決に憲法の解釈の誤りがあることその他憲法の違反があること
　（312条1項の憲法違反の一般的上告理由）
② 法律に従って判決裁判所を構成しなかったこと
③ 法律により判決に関与することができない裁判官が判決に関与した

こと
　④　日本の裁判所の管轄権の専属に関する規定に違反したこと
　⑤　専属管轄に関する規定に違反したこと
　⑥　法定代理権、訴訟代理権又は代理人が訴訟行為をするのに必要な授権を欠いたこと
　⑦　口頭弁論の公開の規定に違反したこと
　⑧　判決に理由を付せず、又は理由に食い違いがあること
（上記の②から⑧までを312条2項の絶対的上告理由といいます）
　⑨　高等裁判所にする上告は、判決に影響を及ぼすことが明らかな法令の違反があることを理由とする場合も上告ができます（312条3項）
　　上告裁判所である最高裁判所は、憲法違反（312条1項）又は絶対的上告理由（312条2項）がない場合であっても、判決に影響を及ぼすことが明らかな法令の違反がある場合は、原判決を破棄し自判し差し戻し移送することができます（325条2項）。この場合を特別破棄といいます。

(3)　**上告受理申立**とは、上告審が最高裁判所である場合に、①原判決に最高裁判所の判例と相反する判断がある事件、②その他の法令の解釈に関する重要な事項を含むものと認められる事件について最高裁判所での審理を求める申立をいいます（318条1項）。最高裁判所の判例がない場合は、大審院又は上告裁判所若しくは控訴裁判所である高等裁判所の判例も含まれます。この制度を「裁量上告制度」ともいいます。
　　上告の制度と上告受理申立の制度とは別個の制度であって、法律上の根拠が異なりますから、上告理由書と上告受理申立理由書とを兼ねることはできません。上告理由を上告受理申立理由書で主張したり、上告受理申立理由を上告理由書で主張したりすることはできないのです。
　　上告審は、原判決が違法かどうかを審査するのに事実認定はし直さず、原判決において適法に認定した事実に拘束されるとしています（321条1項）。原判決の確定した事実に拘束されるのです。

2　「上告状兼上告受理申立書」の作成
(1)　上告と上告受理申立とは別個の制度であって、法律上の根拠が異なり

ますが、上告と上告受理申立とを1通の書面ですることができます。1通の書面でする場合には、その書面が上告状と上告受理申立書とを兼ねるものであることを明らかにする必要がありますし、その書面に上告理由と上告受理申立理由とを記載する場合には、両者を区別して記載する必要があります（規則188条）。上告状と上告受理申立書とを別々に作成することもできますが、その場合でも手数料（収入印紙額）は1通分を納付します。

(2) 「上告状兼上告受理申立書」の書式はきまっていませんが、次例があります。

（書式例）

上告状兼上告受理申立書

平成○年○月○日

最高裁判所　　御中

上告人兼上告受理申立人　　○○○○　（印）

〒000-0000　○県○市○町○丁目○番○号（送達場所）
　　　　　　上告人兼上告受理申立人　　○○○○
　　　　　　　　　（電話000-000-0000）

〒000-0000　○県○市○町○丁目○番○号
　　　　　　被上告人兼相手方　　○○○○

損害賠償請求上告事件兼上告受理申立事件
　　訴訟物の価額　　○○○万○千円
　　貼用印紙額　　　○万○千円

上記当事者間の○○高等裁判所平成○年（ネ）第○○○号損害賠償請求控訴事件について平成○年○月○日に言い渡された下記判決は、全部不服であるから、上告提起及び上告受理申立をする。

記
第1 原判決（二審判決）の表示
 1 本件控訴を棄却する。
 2 控訴費用は控訴人の負担とする。
第2 上告の趣旨
 1 原判決を破棄し、更に相当の裁判を求める。
第3 上告受理申立の趣旨
 1 本件上告を受理する。
 2 原判決を破棄し、更に相当の裁判を求める。
第4 上告理由及び上告受理申立の理由
 追って、各理由書を提出する。
第5 附属書類
 1 上告状兼上告受理申立書副本　　　　　　　1通

以上

① 上告をすることのできる期間は、二審判決の送達を受けた日から2週間以内とされていますから、「上告状兼上告受理申立書」として作成しておくのが得策です。「上告状兼上告受理申立書」は二審裁判所に提出しますが、提出後、二審裁判所から「上告提起通知書」又は「上告受理申立書」が送達されますから、それらの送達を受けた日から50日以内に各理由書を二審裁判所に提出する必要があります（規則194条）。両方の理由書を提出することができない場合には、一方の理由書のみの提出も可能ですが、提出しなかったほうは却下されます。

② 上告状兼上告受理申立書に必要な手数料の収入印紙は、訴状の場合の2倍となります。上告状と上告受理申立書を別に作成した場合も1通分の手数料となります。提出時には郵便切手も必要になりますから、書記官に種類と枚数を確認します。

③ 提出通数は、裁判所用1通と被上告人兼相手方用の数を提出します。しかし、この書面に上告理由や上告受理申立理由を記載した場合は、裁判所用1通と被上告人兼相手方の数に6を加えた数を提出します。上告理由や上告受理申立理由を記載しなかった場合も、二審裁判

所からの上告提起通知書又は上告受理申立通知書の送達を受けた日から50日以内に裁判所用1通と被上告人兼相手方の数に6を加えた数を提出します。

3 上告理由書の提出

(1) 上告状又は上告状兼上告受理申立書に「上告理由」を記載しなかった場合には、原裁判所（二審裁判所）からの「上告提起通知書」の送達を受けた日から50日以内に「上告理由書」を原裁判所に提出する必要があります（規則194条）。上告提起と上告受理申立の両方をしている場合は、各理由書を別々に作成する必要があります。

　上告理由書は、次の要領で簡潔かつ具体的に記載する必要があります（315条2項、規則190条・192条・193条）。

① 原判決に憲法の解釈の誤りがあることその他憲法の違反があることを理由とする上告の場合（312条1項の場合）の理由の記載は、憲法の条項を記載して、憲法に違反する理由を記載します。この場合にその理由が訴訟手続に関するものである場合には、憲法に違反する事実を記載します（規則190条1項）。

② 絶対的上告理由（312条2項各号の事由）があることを理由とする上告の場合の理由の記載は、その条項とそれに該当する事実を示して記載する必要があります（規則190条2項）。

③ 原判決が最高裁判所の判例（これがない場合は大審院又は上告裁判所若しくは控訴裁判所である高等裁判所の判例）と相反する判断をしたことを主張する場合は、その判例を具体的に示す必要があります（規則192条）。例えば、裁判所名、事件番号、裁判の年月日、掲載されている判例集の巻号頁を具体的に記載します。

(2) 上告理由書の書式は決まっていませんが、次の書式例があります。

（書式例）

平成○年（ネオ）第○○○号　損害賠償請求上告提起事件
上告人（一審原告）　○○○○

```
　被上告人（一審被告）　○○○○
                    上告理由書
                                    平成○年○月○日
　最高裁判所　　御中
                            上告人　　○○○○　（印）
　頭書事件について、上告人は、下記の通り上告理由を提出する。
                        記
　1　原判決には、以下に述べる通り、憲法の解釈の重大な誤りがあり、
　　かつ、民事訴訟法第312条第2号第6号に規定する重大な手続法違
　　反があるので、原判決は、破棄されるべきものである。
　2　原判決の引用する一審判決第3の2の(2)には、「……」として
　　いるが、次に述べる通り、憲法の解釈を誤っているのである。
　(1)　　　　　　　　　（以下、省略）
                                            以上
```

　①　原判決（二審判決）のどの部分が、どのように誤っているのかを個別的・具体的に指摘して、誤っているとする理由を明記します。

　②　上告理由書を提出期限内（上告提起通知書の送達を受けた日から50日以内）に提出しなかったり、上告理由が法律の規定に該当しない場合は上告が却下されます。

　③　上告理由書の提出通数は、裁判所用原本1通、被上告人の数に6を加えた数の副本（原本と同じものでよい）を提出します。例えば、被上告人1名の場合は、原本1通と副本7通（合計8通）となります。

(3)　上告理由書では、原判決（二審判決）のどの部分が、どのように誤っているのかを、例えば、次例のように指摘する必要があります。

　①　原判決では、第3の2の(2)において、「……」であると断定しているが、その理由を示さない理由不備の違法な判決である。

　②　原判決では、第3の3の(1)において、「……」としているが、原判決には、以下に述べる通り、理由不備、理由齟齬、審理不尽、経験則違反、論理法則違反、社会通念違反、採証法則違反の各違反があり、原

判決は、重大な誤りを犯しているのである。
③　原判決には、憲法第21条第1項違反があり、以下に述べる通り、これが判決に影響を及ぼしているため、原判決は、破棄されるべきである。
④　原判決（9頁3行目以下）では、「……」とするが、この原判決の判断は、以下に述べる通り、経験則及び社会通念に反するもので違法な判決である。

4　上告受理申立書の提出
(1)　「上告受理申立書」又は「上告状兼上告受理申立書」に上告受理申立理由を記載しなかった場合には、原裁判所（二審裁判所）からの「上告受理申立通知書」の送達を受けた日から50日以内に「上告受理申立理由書」を原裁判所に裁判所用原本1通と相手方の数に6を加えた数（相手方1名の場合は8通）を提出する必要があります（規則199条）。

上告受理申立理由書は、次の要領で簡潔かつ具体的に記載する必要があります。
①　原判決に最高裁判所の判例（これがない場合は大審院又は上告裁判所若しくは控訴裁判所である高等裁判所の判例）と相反する判断があること、その他の法令の解釈に関する重要な事項を含むことを示して記載する必要があります（199条1項）。この場合において、法令を示すには、その法令の条項又は内容（文書の形式の成文法以外の法令については、その趣旨）を記載します。法令が訴訟手続に関するものである場合には、これに違反する事実を記載します。
②　原判決に最高裁判所の判例（これがない場合は大審院又は上告裁判所若しくは控訴裁判所である高等裁判所の判例）と相反する判断があることを主張する場合には、裁判所名、事件番号、裁判の年月日、掲載されている判例集の巻号頁を明らかにするなど、その判例を具体的に示す必要があります。

(2)　上告受理申立理由書の書式は決まっていませんが、次の書式例があります。

（書式例）

```
平成○年（ネ受）第○○○号　損害賠償請求上告受理申立事件
申立人（一審原告）　○○○○
相手方（一審被告）　○○○○
```

　　　　　　　　　　　上告受理申立理由書

　　　　　　　　　　　　　　　　　　　　　　　平成○年○月○日

最高裁判所　　御中

　　　　　　　　　　　　　　　　　　申立人　　○○○○　（印）

頭書事件について、申立人は、下記の通り上告受理申立理由を提出する。
　　　　　　　　　　　　　記
　1　原判決には、以下に述べる通り、法令の解釈に関する重要な事項についての重大な誤りがあり、かつ、最高裁判所の判例と相反する判断があることは明白であるので、原判決は、破棄されるべきものである。

　　　　　　　（以下、省略）

　　　　　　　　　　　　　　　　　　　　　　　　　　　　以上

① 原判決（二審判決）のどの部分が、どのように誤っているのかを個別的具体的に指摘して、誤っているとする理由を記載します。

② 提出通数は、裁判所用原本1通、相手方の数に6を加えた数の副本（原本と同じものでよい）を原裁判所に提出します。

③ 上告受理申立理由書を提出期限内（上告受理申立通知書の送達を受けた日から50日以内）に提出しなかったり、上告受理申立理由が法律の規定に該当しない場合は申立が却下されます。

(3) 上告受理申立理由書では、原判決（二審判決）のどの部分が、どのように誤っているのかを次例のように個別的具体的に指定する必要があります。

　① 原判決の第3の2の(1)において、「……」としているが、原判決は、以下に述べる通り、行政不服審査法第45条第2項の規定の解釈に関する重大な誤りを犯しているのである。

② 原判決の第3の4の(1)（9頁2行目以下）において、「……」としているが、原判決は、以下に述べる通り、最高裁判所平成〇年〇月〇日第三小法廷判決（民集第〇〇巻〇号、〇〇頁以下）と相反する判断をしたうえ、更に本件情報公開条例第〇条の規定の解釈に関する重大な誤りのある違法な判決であり、経験則違反の違法な判決である。

③ 原判決（第3の5の(1)（9頁18行目以下）では、「……」としているが、以下に述べる通り、原判決は、最高裁判所平成〇年〇月〇日第三小法廷判決（民集第〇〇巻〇号、〇〇頁以下）が示した判断基準の解釈適用を誤っており、更に土地改良法第〇条の規定の解釈に関する重大な誤りのある違法な判決である。

5　上告審の終結

(1) 上告審は、終局判決（その審級の審理を完結する判決）により終結するほか、次の場合にも上告審は終了します。
　① 訴えの取下げ　（訴え自体を撤回する原告の意思表示）
　② 上告の取下げ　（上告を撤回する旨の上告人の意思表示）
　③ 請求の放棄　（原告が請求に理由がないことを認める意思表示）
　④ 請求の認諾　（被告が請求に理由があることを認める意思表示）
　⑤ 訴訟上の和解　（訴訟の係属中に当事者が互いに譲歩して解決する合意）

(2) 上告審の終局判決には、次の種類があります。
　① 上告の却下は、(a)上告が不適法でその不備を補正することができない場合や(b)上告理由書を提出しない場合に、原裁判所（二審裁判所）は、決定（口頭弁論なしの裁判所の裁判）で上告を却下します（316条1項）。
　② 上告の棄却は、上告裁判所（最高裁判所）が上告状、上告理由書、答弁書その他の書類により、上告が理由がないと認める場合は、口頭弁論を経ないで、判決で、上告を棄却することができます（319条）。上告に理由があっても、他の理由により原判決と同一の結論になる場合も同様です（313条）。
　③ 上告を認める場合は、原判決を破棄し、(a)更に事実審理を要する場合は原裁判所（二審裁判所）に差し戻すか（破棄差戻し）、(b)原裁判所と

同等の他の裁判所に移送します（破棄移送）（325条1項）。上告裁判所である最高裁判所は、憲法違反や絶対的上告理由（重大な手続違反）がない場合であっても、判決に影響を及ぼすことが明かな法令違反がある場合は、原判決を破棄し、事件を原裁判所に差戻し又はこれと同等の他の裁判所に移送することができます（325条2項）。

　上告理由を認める場合に、上告裁判所は、次の場合には自ら原判決に代わる判決（破棄自判）をする必要があります（326条）。

ア　確定した事実について憲法その他の法令の適用を誤ったことを理由として判決を破棄する場合において、事件がその事実に基づき裁判をするのに熟する場合

イ　事件が裁判所の権限に属しないことを理由として判決を破棄する場合

　　破棄差戻し又は破棄移送を受けた裁判所は、新たな口頭弁論に基づき裁判をする必要があります。この場合には、上告裁判所が破棄の理由とした事実上及び法律上の判断は、差戻し又は移送を受けた裁判所を拘束します（325条3項）。

第 9 章●
抗告の手続

Q41 抗告とは、どういうことですか

1 抗告とは

(1) **抗告**とは、判決以外の裁判である「決定」や「命令」に対する独立の上訴方法をいいます。裁判所の種類には、①判決のほか、②決定と③命令とがあります。「決定」とは、口頭弁論を必要としない裁判所の裁判をいいます。「命令」とは、口頭弁論を必要としない裁判官の裁判をいいます。決定や命令は、判決事項以外の訴訟指揮に関する事項や付随的事項の裁判に用いられ、言渡しは必要とせず、告知で足りるとされています。判事補も決定と命令は単独で裁判ができることとされています。

(2) 抗告をすることができる裁判(抗告の対象となる裁判)には、次の決定や命令があります(328条)。
① 口頭弁論を経ないで訴訟手続に関する申立を却下した決定又は命令
② 決定又は命令により裁判をすることができない事項についてなされた決定又は命令
以上の①又は②のほか、次の特別の制度があります。
③ 法律が特に即時抗告(1週間以内に提起する抗告)によるべきことを定めている場合(例えば、(a)21条の移送の決定又は移送の申立を却下した決定、(b)25条5項の裁判官の除斥又は忌避を理由がないとする決定に対する即時抗告)
④ 地方裁判所及び簡易裁判所の決定及び命令で不服申立のできないものその他の一定の場合に最高裁判所に特別抗告をすることができます(336条)。
⑤ 高等裁判所の決定及び命令に対しては高等裁判所が許可した場合に限り最高裁判所に許可抗告でできます(337条)。
ただし、個別の規定で決定に対する不服申立を禁止している場合もあ

ります（10条3項）。

2　抗告の種類

(1)　抗告の種類には、①通常抗告（普通抗告）と、②即時抗告とがあります。
　①　通常抗告とは、原裁判の取消を求める利益がある限り、いつでも提起することができる抗告をいいます。抗告提起期間の定めのない場合です。通常抗告には、原裁判の執行停止の効力がありません（334条1項）。ただ、抗告裁判所又は原裁判をした裁判所若しくは裁判官は、抗告についての決定があるまで、原裁判の執行の停止その他の必要な処分を命ずることができます（334条2項）。
　②　即時抗告とは、迅速な解決のために裁判の告知を受けた日から1週間以内に提起する必要がある抗告をいいます（332条）。抗告は、即時抗告に限り、執行停止の効力があります（334条1項）。即時抗告では、自動的に執行停止とされるのです。

(2)　抗告は、①最初の抗告と②再抗告に分けることができます。
　①　最初の抗告とは、原裁判所の決定や命令の裁判に対して最初になされる抗告をいいます。
　②　再抗告とは、最初の抗告に対する抗告裁判所の決定に対して更に憲法違反や法令違反を理由としてなされる抗告をいいます（330条）。再抗告が許されるのは、一審が簡易裁判所である場合に限られます。高等裁判所が抗告裁判所としてなした決定に対しては、特別抗告（336条）と許可抗告（337条）を除いて、最高裁判所への抗告はできません。通常の抗告は控訴に類似し、再抗告は上告に類似しますから、控訴や上告に関する規定が準用されます。

(3)　最高裁判所に対する抗告には、①特別抗告と②許可抗告とがあります。
　①　特別抗告とは、地方裁判所及び簡易裁判所の決定及び命令で不服申立ができないものと高等裁判所の決定及び命令に対して、その裁判に憲法の解釈の誤りがあることその他の憲法違反があることを理由とする場合に、最高裁判所に特に抗告をすることをいいます。この特別抗

告は、裁判の告知を受けた日から5日以内にする必要があります（336条）。

② 許可抗告とは、高等裁判所の決定及び命令（再抗告に係る決定や命令その他の一定の裁判を除く）に対して、その高等裁判所が許可した場合に限り最高裁判所に特に抗告をすることをいいます（337条1条）。この許可抗告では、高等裁判所の裁判が、最高裁判所の判例（これがない場合は大審院又は上告裁判所若しくは抗告裁判所である高等裁判所の判例）と相反する判断がある場合その他の法令の解釈に関する重要な事項を含むと認められる場合には、申立により、決定で抗告を許可する必要があります（337条2項）。憲法違反の場合は特別抗告となるので許可抗告から除外しています。許可抗告の申立は、裁判の告知を受けた日から5日以内に書面により高等裁判所に申立をする必要があります。最高裁判所では特別抗告の場合と同様に処理されます（337条6項）。

Q42 抗告の手続は、どのようにするのですか

1　抗告の提起

(1)　抗告の提起は、控訴の提起に準じますから、控訴状の場合と同様に高等裁判所あての「抗告状」を原裁判所（一審裁判所）に提出する必要があります（331条）。抗告状に原裁判の取消又は変更を求める理由（抗告理由）の具体的な記載のない場合は、抗告人は、抗告状の提出後、14日以内に、抗告理由を記載した書面（抗告理由書）を原裁判所に提出する必要があります（規則207条）。

　抗告が不適法でその不備を補正することができないことが明らかである場合は、原裁判所は、決定で抗告を却下（門前払い）する必要があります（331条・287条）。

(2)　原裁判をした裁判所又は裁判長は、抗告を理由があると認める場合は、その裁判を更正（誤りを正すこと）する必要があります（333条）。これを「再度の考案」といい、原裁判所に再考する機会を与えることによって簡易迅速に事件の処理を行う趣旨です。

　即時抗告の提起は、裁判の告知を受けた日から1週間以内に行う必要があります（332条）。

　即時抗告には、原裁判の執行停止の効力があります（334条1項）。これに対して、通常抗告には、原裁判の執行停止の効力はありませんが、抗告裁判所又は原裁判をした裁判所若しくは裁判官は、抗告についての決定があるまで、原裁判の執行の停止その他の必要な処分を命ずることができます（334条2項）。即時抗告では自動的に原裁判の執行停止の効力が生ずるのに対して、通常抗告の執行停止は抗告裁判所、原裁判をした裁判所、裁判官の裁量に委ねることにしています。

2 抗告状の提出

(1) 高等裁判所あての抗告状の書式は決まっていませんが、控訴状の場合と同様に次例のように作成します。

次の書式例は、文書提出命令の申立を却下した決定に対する即時抗告の場合です（223条7項）。

(書式例)

抗 告 状

平成○年○月○日

○○高等裁判所　御中

　　　　　　　　　　　　　　　抗告人　　○○○○　　（印）

　　〒000-0000　○県○市○町○丁目○番○号（送達場所）
　　　　抗告人　　　○○○○
　　　　　　（電話000-000-0000）

　　〒000-0000　○県○市○町○丁目○番○号
　　　　相手方　　　○○○○

上記当事者間の○○地方裁判所平成○年（モ）第○○○号文書提出命令申立事件（平成○年（ワ）第○○○号損害賠償請求事件）について、同裁判所が平成○年○月○日にした下記の決定は不服であるから即時抗告を申し立てる。

記

第1　原決定の表示
　　本件文書提出命令の申立を却下する。
第2　抗告の趣旨
　1　原決定を取り消す。
　2　相手方は、本決定送達の日の翌日から14日以内に別紙目録記載の文書を提出せよ。
　3　抗告費用は、相手方の負担とする。

> との裁判を求める。
> 第3　抗告の理由
> 　1　原決定の理由とするところは、「……」とするが、原決定は、すべて誤りである。けだし、……だからである。
> 　　　　　　　　　　　　（以下、省略）
> 　　　　　　　　　　　　　　　　　　　　　　　　　　　　以上

　① 書面の表題は、抗告状として原裁判所に裁判所用正本1通を提出します。ただし、抗告裁判所（抗告状の宛先の裁判所）から口頭弁論を開く旨の通知があった場合は、相手方の数の副本（正本と同じものでよい）を裁判所に提出します。

　② 即時抗告の場合の抗告状は、原裁判の告知を受けた日から1週間内に原裁判所に提出する必要があります。1週間の期間の計算は告知を受けた日の翌日から計算します。

　③ 抗告状の提出に際しては、手数料の収入印紙と郵便切手が必要ですから、裁判所の書記官に電話で確認をしておきます。

(2) 最高裁判所あての特別抗告状の提出については、次の通りとなります。
　① 特別抗告状は、裁判の告知を受けた日から5日以内に原裁判所に提出します（336条2項）。
　② 特別抗告状の提出に際しては、手数料の収入印紙と郵便切手が必要ですから、裁判所の書記官に電話で確認をしておきます。
　③ 特別抗告状に抗告の理由を記載しなかった場合は、特別抗告提起通知書の送達を受けた日から14日以内に特別抗告理由書を提出する必要があります（336条3項）。

(3) 高等裁判所あての許可抗告申立書の提出については、次の通りとなります。
　① 抗告許可申立書は、裁判の告知を受けた日から5日以内に高等裁判所に提出します（337条6項）。
　② 抗告許可申立書の提出に際しては、手数料の収入印紙と郵便切手が

必要ですから、裁判所の書記官に電話で確認をしておきます。
③　抗告許可申立書に抗告許可申立の理由を記載しなかった場合は、抗告許可申立通知書の送達を受けた日から14日以内に抗告許可申立理由書を提出する必要があります（337条6項）。

[著者略歴]

矢野　輝雄（やの　てるお）

1960年、NHK（日本放送協会）入局。元NHKマネージング・ディレクター。元NHK文化センター講師。現在、矢野行政書士事務所長。
主な著書：『ひとりでできる行政監視マニュアル』『絶対に訴えてやる！』『＜逮捕・起訴＞対策ガイド』『欠陥住宅被害・対応マニュアル』『行政監視・本人訴訟マニュアル』『自動車事故・対応マニュアル』『定年からの生活マニュアル』『欠陥住宅をつかまない法』『公務員の個人責任を追及する法』『プロブレムQ＆A あきれる裁判と裁判員制度』『介護保険活用ガイド』（以上、緑風出版）、『あなたのための法律相談＜相続・遺言＞』『あなたのための法律相談＜離婚＞』（以上、新水社）、『市民オンブズ活動と議員のための行政法』（公人の友社）、『家裁利用術』（リベルタ出版）、『ひとり暮らしの老後に備える』『いじめ・体罰・校内暴力～保護者の法的対応マニュアル』（以上、信山社）、『特許ノウハウ実施契約Q＆A』『知的財産権の考え方・活かし方Q＆A』（以上、オーム社）、ほか

連絡先　矢野事務所　電話/FAX087-834-3808

JPCA 日本出版著作権協会
http://www.jpca.jp.net/

＊本書は日本出版著作権協会（JPCA）が委託管理する著作物です。
本書の無断複写などは著作権法上での例外を除き禁じられています。複写（コピー）・複製、その他著作物の利用については事前に日本出版著作権協会（電話03-3812-9424、e-mail:info@e-jpca.jp.net）の許諾を得てください。

本人訴訟ハンドブック【増補改訂版】
～知識ゼロからの裁判所活用術～

2014年11月20日　初版第1刷発行	定価 2300円＋税
2018年7月30日　増補改訂版第1刷発行	
2020年6月30日　増補改訂版第2刷発行	
2024年7月10日　増補改訂版第3刷発行	

著　者　矢野輝雄 ©
発行者　髙須次郎
発行所　緑風出版
　　　　〒113-0033　東京都文京区本郷2-17-5　ツイン壱岐坂
　　　　[電話] 03-3812-9420　　[FAX] 03-3812-7262　　[郵便振替] 00100-9-30776
　　　　[E-mail] info@ryokufu.com　[URL] http://www.ryokufu.com/

装　幀　斎藤あかね　　　イラスト　Nozu
制　作　R企画　　　　　印　刷　中央精版印刷
製　本　中央精版印刷　　用　紙　中央精版印刷　　　　　　　　　E500

〈検印廃止〉乱丁・落丁は送料小社負担でお取り替えします。
本書の無断複写（コピー）は著作権法上の例外を除き禁じられています。なお、複写など著作物の利用などのお問い合わせは日本出版著作権協会（03-3812-9424）までお願いいたします。

Teruo YANO© Printed in Japan　　ISBN978-4-8461-1811-2　C0032

定年からの生活マニュアル

矢野輝雄著

A5判並製
二二〇頁

1900円

平均寿命が延びるなか、定年後の長い期間を過ごすため、また生活設計をするためには、少なくとも社会保険制度の理解が必要です。複雑な年金制度や介護サービスなどの仕組みを分かりやすく解説し、快適に過ごすための読本です。

刑事事件お助けガイド

矢野輝雄著

A5判並製
二二〇頁

2200円

告訴・告発のしかたから起訴後まで、刑事手続きの仕組みとその問題点も解説。被疑者やその家族の立場から、そこでの対応法や問題点、また、新たに導入された裁判員制度とその問題点も解説。まさかの時の刑事事件、これさえあれば、大丈夫です。

ひとりでできる行政監視マニュアル

矢野輝雄著

A5判並製
二六〇頁

2200円

税金の無駄遣いの監視等は、各自治体の監査委員や議会がすべきだが、「眠る議会と死んだ監査委員」といわれ、何も監視しない状況が続いている。本書は、市民がひとりでもできるように、ていねいに様々な監視手法を説明。

欠陥住宅被害・対応マニュアル

矢野輝雄著

A5判並製
一七六頁

1900円

欠陥住宅に泣く人は後を絶たない。その上、原因究明や解決となると、時間や費用がかかり、極めて困難だ。本書は一級建築士らが、建築の素人である一般市民でも闘えるように、業者に対抗する知識とノウハウを解説。

絶対に訴えてやる！
訴えるための知識とノウハウ

矢野輝雄・宮武正基著

A5判並製
一八八頁

1900円

「絶対に訴えてやる！」と思った時一人で裁判にもちこむことも可能。本書は民事訴訟、家事事件や告訴、告発までの必要な理論と書式、手続をわかりやすく解説すると共に、マニュアルとして利用可能。手許に置くべき1冊だ。

自動車事故・対応マニュアル

矢野輝雄著

A5判並製
一八八頁

1900円

交通事故による死傷者数は一〇〇万人を超え、検挙者数も増大している。本書は、被害者、加害者双方の立場から、交通事故や保険の基礎知識の他、事故発生時から損害賠償の最終的解決に至るまでのすべての対応を詳しく解説。

◎緑風出版の本

■全国のどの書店でもご購入いただけます。
■店頭にない場合は、なるべく書店を通じてご注文ください。
■表示価格には消費税が加算されます。

家事事件手続ハンドブック
家庭裁判所利用術
矢野輝雄著
A5判並製 二〇〇頁 2000円

老親の扶養、離婚、財産分与、遺産の分割のような家庭内の問題で争いが生じた場合など、当事者として特に利用することの多い家事事件手続のできる理論と実務について説明。事件にも対応することのできる理論と実務について説明。

相続・遺言対策ガイド
相続の仕組みと遺言書の書き方
矢野輝雄著
A5判並製 二二〇頁 2200円

二〇一五年一月から相続税の大増税が実施されました。このため、相続税を払わなければいけない人が大幅に増える見込みです。相続の仕組みや遺言のことなど、きちんと把握しておかないと、家族に迷惑がかかります。易しく解説。

配偶者暴力対策ガイド
家庭裁判所利用術
矢野輝雄著
A5判並製 二〇〇頁 1800円

DV（ドメスティック・バイオレンス）防止法が制定されたが、十分活用されない。本書は、DVへの対処法、相談や保護命令の申立、生活保障などを解説すると共に、離婚に至ったときのやり方も詳細に解説。すぐ役立つ！

生活保護獲得ガイド
矢野輝雄著
A5判並製 一七六頁 1600円

生活保護なしに生活できない人が急増している。しかし行政は財政難から、逆に保護を受けさせないように、「水際作戦」などを展開している。こうした生活保護行政の妨害を突破して、生活保護を獲得する方法を説明する。

公務員の個人責任を追及する法
矢野輝雄著
2000円

複数の公務員や民間業者が関与して行なわれることが多い裏金作り、カラ出張、収賄等を告発するには、どんな方法があるのか。本書は、公務員の犯罪行為やその他の違法行為を効果的に追及する方法を個別、具体的に説明。

介護保険活用ガイド

矢野輝雄著　A5判並製　2320頁　1700円

超高齢社会の日本で、少ない年金で生活するには、介護保険の上手な活用が鍵となる。親の介護はもちろん、自分の老後を賢く設計するためにも、介護保険のしくみを理解しておくことが必要だ。多数の図解と共に、活用法をガイド。

[逮捕・起訴] 対策ガイド
市民のための刑事手続法入門

矢野輝雄著　A5判並製　208頁　1700円

万一、あなたやあなたの家族や友人が犯人扱いされたり、犯人となってしまった場合、どうすればよいのか。本書はそういう人たちのために、逮捕から起訴、そして裁判から万一の服役まで刑事手続法の一切をやさしく解説する。

プロブレムQ&A ひとりでも闘える労働組合読本 [三訂増補版]
[リストラ・解雇・倒産の対抗戦法]

ミドルネット著　A5判変並製　280頁　2000円

リストラ、解雇、倒産に伴う労使間のトラブルは増え続けている。解雇・配置転換・レイオフ・肩たたきにどう対応すればいいのか？ひとりでも会社とやり合うための「入門書」。

プロブレムQ&A [解雇・退職] 対策ガイド [三訂増補版]
[辞めさせられたとき辞めたいとき]

金子雅臣・小川浩一・龍井葉二著　A5判変並製　344頁　1900円

派遣・契約・パートなどの非正規労働者問題を増補。個別労働紛争救済機関新設など改正労働法制に具体的に対応。労働条件の切り下げや解雇・倒産に、どう対処すればいいのか？

メンタルヘルスの労働相談

メンタル・ヘルスケア研究会著　A5判並製　244頁　2200円

サービス残業等の長時間労働、成果主義賃金により、職場いじめ、うつ、自殺者などが急増している。本書は、相談者に寄り添い、相談の仕方、会社との交渉、職場復帰、アフターケアなどを具体的に解説。労働相談のエキスパートが改正労働基準法を踏まえ、有期雇用問題を増補。解決法を完全ガイド。

職場いびり
[アメリカの現場から]

ノア・ダベンポート他著／アカデミックNPO訳　四六判上製　336頁　1800円 2400円

職場におけるいじめは、不況の中でますます増えてきている。欧米では「モビング」という言葉で、多角的に研究されている。本書は米国の職場いびりによって会社をやめざるをえなかった体験から問題を提議した基本図書。